産経NF文庫
ノンフィクション

朝鮮大学校研究

産経新聞取材班

JN151740

潮書房光人新社

文庫版のまえがき

今年（2019年＝令和元年）9月、訪朝した朝鮮総連（在日本朝鮮人総連合会）教育代表団の〝扱い〟が総連コミュニティーの中でちょっとした波紋を広げた。朝鮮大学校幹部や各中高級学校（中・高）校長らで構成する代表団は、総連トップの許宗萬議長ですら会えなかった（2014年）金正恩・朝鮮労働党委員長と面会し、腕を組んで記念写真まで撮影する〝厚遇〟を受けたというのである。

報道などによれば、この席で朝大の教養部長は、2016年の朝大創立60周年に合わせて、金委員長が贈った「（朝大の60年の歴史は）民族教育事業のための総連の活動家と在日同胞の愛国献身の歴史である」などとする祝賀文を挙げ、総連幹部養成や民族教育事業の使命貫徹を改めて誓ったという。

さらに、参加者は急遽、平壌で座談会を開き、「日本政府による民族教育抹殺策動」だの、「共和国（北朝鮮）の海外同胞大学（朝大）としての権威と名声」「教育事業は社会主義の強国建設の生命線」などという〝定番〟の主張を繰り返した。

やはり、総連も朝大も朝鮮学校も、まったく変わっていない。いや、変わろうとしていない。北朝鮮の思想・政策を忠実に代弁し、実行してゆく人材を育成することこそが使命であり、ずっと日本で生きてゆくであろう在日コリアンのための教育は二の次なのだ。

変わらない総連・朝大を尻目に、在日コリアンを取り巻く社会環境は急速に変化しつつある。3世、4世の時代に入り、配偶者は日本人、その子は日本国籍というケースが少なくない。一方で進学・就職・生活面のハンデは減り、在日コリアンが総連組織や朝鮮学校に依存する理由もなくなってきている。コミュニティーに集まるヒト・モノ・カネは減る一方だ。

今年10月から始まった幼稚園・保育園の無償化からも朝鮮学校は外された。高校無償化除外に異議を唱えた裁判も、最高裁では軒並みの敗訴。冒頭の教育代表団への北朝鮮側の厚遇も、こうした日本側の対応と「断固闘え」というメッセージなのだろう。

だが、そうならば「根本」が間違っている。今なお核・ミサイルによる軍事的挑発を繰り返し、日本人拉致を実行した独裁者一族を崇拝させる教育を「民族教育」と位置づけ、日本で生活する若者たちに「日本敵視」を植え付ける教育こそをまず改めるべきなのだ。

約9万3000人の在日コリアンと日本人配偶者・子が北朝鮮へ渡った帰国事業の第1船が新潟港から出て、今年12月で60年になる。「地上の楽園」というデタラメの宣伝文句にだまされた人々は、北朝鮮で地獄を見ることとなった。勧誘の窓口だった総連はその総括もしていない。そこには、涙を隠して北朝鮮へ渡った多くの朝大生もいたのだ。

新聞連載や本書の取材過程で、「思想教育との切り離し」や「総連指導部の総退陣」を求めた関係者による血を吐くような訴えは、まるで生かされなかったのである。

文庫化にあたって、加筆・修正を加えたが、肩書や年齢は基本的に当時のまま、とした。文中の敬称は省略した。

2019年11月

産経新聞取材班

はじめに

「核戦争には核攻撃戦で応じる」「南朝鮮（韓国）が一発で廃墟となり、日本列島が沈没」……。核・ミサイルで恫喝《どうかつ》を続け、反日・反米をあからさまにしている北朝鮮。その独裁者を崇拝させ、政策を支持している学校がなぜ、わが国に存在しているのか？　そこに認可を与え、税金免除などの優遇措置を施しているのはどこなのか？

こんな当たり前の疑問から取材は始まった。

2017（平成29）年に創立61年目を迎えた朝鮮大学校（東京都小平市※18年から韓東成《ハンドンソン》学長）は、朝鮮総連（在日本朝鮮人総連合会）が「民族教育の最高学府」と位置づけ、総連幹部や朝鮮学校の教員を送り出してきた組織の中核をなす重要な学校である。

在日コリアンから吸い上げた莫大なカネ・ヒト・技術・情報を北朝鮮から言われるがまま提供し、手足となってさまざまな工作に加担してきた総連の指導部は、朝大を頂点とする朝鮮学校の教育を「政治の道具」とすり替え、在校生には、反日・反米の北朝鮮の政策を支持する「革命の戦士」となるよう命じてきた。

だが、とどまることをしらない北朝鮮の無法ぶりに憤り、怯え、怒りを覚えているのは日本人だけではない。

16年4月10日付の産経新聞は1面トップ記事で、朝大の在校生数が、全盛期（1990年代半ば）の約1500人から約6割減の約600人にまで激減している事実をスクープした。

総連と朝大が、ずっとヒタ隠しにしてきた数字である。

最近では総連コミュニティーで育った在日コリアンの子供たちも、優秀な生徒ほど朝大へは行きたがらない。下級の朝鮮学校もまた同様だ。全朝鮮学校の在校生数は、最盛期のわずか7分の1、6分の1である。学校数では圧倒的に少ない韓国系の民族学校（全国に6校、大学はない）は国際化に対応した語学教育や大学進学対策に力を入れ、入学希望者が殺到しているというのにだ。両者の学力レベルの差も広がっている。

なぜこれほどまでに朝大・朝鮮学校の在校生が減っているのか。

17年2月、北朝鮮の金正日《キムジョンイル》総書記の長男、金正男《ジョンナム》氏がマレーシアの空港で猛毒のVXによって殺害された事件。

北朝鮮がいくら頑《かたく》なに否定しようが、異母弟である金正恩《ジョンウン》・朝鮮労働党委員長率いる同国の国家ぐるみの犯行であることは疑いようがない。義理の叔父、張成沢《チャンソンテク》氏を容赦なく処刑し、今度は血の繋がった兄……。儒教的倫理観の中で生きてきた在日コリアンにとっては到底、容認しがたいショッキングな蛮行にほかならない。

慌てた総連指導部は、組織の内部で事件に触れることを禁じたが、結果は「総連離れ」に一層拍車を掛けただけである。

新たに発足した米トランプ政権は、これまでの生ぬるい対北政策に業を煮やし、とうとう武力行使の可能性にも言及した。だが、これに逆ギレした北朝鮮はミサイル発射を繰り返し、恫喝をエスカレートさせるばかり。もはや〝血の同盟〟で結ばれた中国ですら、コントロールできない暴走ぶりである。

こんな北朝鮮を「支持せよ」と教える教育は、将来にわたって日本社会で生きていくであろう在日コリアンのニーズと、完全に乖離《かいり》している。在校生の意識は変わっているのに組織側は変わらない。朝大を頂点とする朝鮮学校の在校生数の激減は、これまで総連コミュニティーを構成してきた人々が、総連に対して敢然と「ノー」を突き付けた結果なのだ。

16年、46年ぶりに公表された衝撃の数字がある。法務省入国管理局の統計では、総連支持者が多い外国人登録制度上の「朝鮮籍者」数は全在日コリアン約50万人中、わずか約3万4000人（15年末）まで減っていた。

総連幹部の〃財布代わり〃にされてきた朝銀信用組合は、バブル景気が弾《はじ》けた後、不明瞭な融資が焦げ付き、相次いで破綻。総連コミュニティーを支えてきた2つの柱、ヒト（学校）とカネ（朝銀）が倒れつつある。

総連離れは、今や崩壊レベルに達している。それが自らの責任で起こしたという意味では〃自壊〃と言っていい。

長い間、朝大の実態は厚いベールに覆われ、秘密にされてきた。

1959（昭和34）年、まだ人家もまばらな武蔵野の畑の中に新校舎が移築されたとき、土地を売った地元の農家らは建物のてっぺんに、北朝鮮の国旗がひるがえっているのを見て仰天する。トランジスタラジオの工場を造ると聞いていたからだ。

奇妙だったのはそれだけではない。

大学校というのに、文科省所管の「大学」でもなければ、防衛大学校のような各省庁が管轄する「大学校」でもない。武蔵野へ移ってきた当時は、何の法的地位もない「私学校」に過ぎなかった。

ここでいったい何をしているのか？　誰がどんな学問を教えているのか？　そもそも在校生は何人いるのか？

謎だらけである。

在校生は、全寮制の下で私生活まで厳しく管理され、外出すらままならない。部外者が校内に入ろうとすれば、厳しく誰何《すいか》される。夜になると、在校生が歩哨《ほしょう》に立ち、厳重な警備にあたっていた。周辺住民は不安でならなかっただろう。

間もなく総連・朝大は、「各種学校」としての認可を東京都に求めて大キャンペーンを始める。「民族教育の場を奪うな」「基本的人権だ」と東大、京大を始め、日本の有名大学トップや文化人・芸能人を巻き込んでシンポジウムを開き、世論を誘導していく。

そして、68年4月、社会主義者を自認し、後に訪朝して金日成《イルソン》首相（当時、後に国家主席）と2回も面会した美濃部亮吉《りょうきち》東京都知事は、政府サイドの強い反対を押し切る形で、強引に朝大の認可に踏み切った。

まったく同じ時期に朝大で、殴る蹴るの暴力に支配された教育現場にあるまじき激しい権力闘争の嵐が吹き荒れていたことを美濃部知事は知っていたのだろうか？

料理学校や自動車教習所と同じ「各種学校」としての認可は、総連・朝大にとって、むしろ都合が良かったろう。固定資産税の減免など金銭的メリットは絶大なのに、文部科学省の指導などには従う必要がない。何を教えても構わないのだ。

在校生は、総連傘下の学内政治組織「在日本朝鮮青年同盟（朝青）」への加入を義務付けられ、〝組織生活〟の中で思想教育をみっちりと叩き込まれた。

朝大学長は、国会議員に相当する北朝鮮の最高人民会議の代議員であった。朝大理事長は2017年3月、北朝鮮から最高の栄誉である労働英雄の称号を授与された。

北朝鮮・総連・朝大が一体なのは明白である。さらには、北朝鮮工作機関の指示によるスパイ事件への関与。核・ミサイルなどの先端技術開発への協力。監視・密告を行う非公然組織の暗躍……。教育機関にはあるまじき〝闇の仕事〟にも関わってきた。

だが、時代は今、朝大に根源的な存在の意味を問うている。

政治経済、教育、理工、体育、経営など8学部と研究院（大学院のような組織）、研究所などを擁する「総合大学」並みの看板を掲げながら、在校生が600人（16年度）しかいないのでは、高等教育機関として、その体をなしていない。

創設当初に、総連が在日コリアンの子弟に「高等教育の場を与えたい」と掲げた理由も、多くの日本の大学が朝鮮高級学校（日本の高校に相当）卒業生に門戸を開いた今では、完全に説得力を失っている。

その〝教育の場〟で、日本の国益に反する、明らかな反日・反社会的な偏向教育・活動が行われているなら論外だ。

許認可権を持つ東京都は今後、朝大の「認可見直し問題」に踏みこむだろうか？

13年に都が実施した朝鮮学校や運営法人への調査では、異常な思想教育や総連と学校との一体化が浮き彫りになり、都は、朝鮮学校への補助金支給打ち切りを正式に決めている。

もしも今後、朝大の認可が取り消される事態になれば、財政的なメリットはなくなり、「自壊」にとどめを刺すことにもなろう。

本書は、朝大の実態と現状を浮き彫りにした産経新聞の連載「朝鮮大学校　60年の闇」(16年、1~3部)を大幅に加筆し、新たな取材を加えて再構成したものである。

多数の朝大OB、関係者が身の危険を顧みず、主義・主張が180度違う産経新聞の取材に応じ、赤裸々な心情を吐露してくれたのは、存続の危機にある母校を憂い、何とかして残したいと願っているからだろう。

だが、彼らの苦悩は深い。なぜならば、朝大・朝鮮学校の生き残りには、北の独裁者一族に盲従する総連組織や荒唐無稽な思想教育との〝絶縁〟が絶対条件だと分かっているのに、それが不可能に近いことも、またよく知っているからだ。

朝鮮総連・朝鮮大学校には再三、取材を申し込んだが、「産経新聞の取材には答えない」「担当者がいない」などとして、応じてはもらえなかったことを付記しておく。

２０１７年5月

産経新聞取材班

朝鮮大学校研究——目次

《資料編》

朝鮮大学校研究

第一章▼在日コリアンも「ノー」

「大元帥様万歳!」のスローガン

２０１７年4月10日。

東京の桜は、すでに盛りを過ぎ、名残りの花びらが、地面にピンクのじゅうたんを作っていた。朝鮮大学校（東京都小平市）へと続く玉川上水沿いにある閑静な散歩道は、鮮やかな新緑が芽吹き、初夏を思わせる日差しが降り注いでいる。

61回目の朝大の創立記念日にあたるこの日、同年度の新入生約２１０人を迎える入学式が、同校講堂で行われた。

「祝　２０１７学年度朝鮮大学校入学式」

校門のすぐ後には、新入学生を迎える色鮮やかな垂れ幕。校舎には「民族教育の最高学堂朝鮮大学校への入学を熱烈に祝う」という朝鮮語の看板が飾られている。

入学式に参列する保護者たちであろうか。乗用車が続々と校門をくぐっていく。べンツなどの高級車も多い。

校内では、赤や青のカラフルな民族衣装の女性や濃紺のスーツ姿の若者たちが楽しげに談笑していた。頭の両サイドを短く刈り上げたヘアスタイルやオシャレなメガネは、今どきの日本の大学生と何ら変わりがない。

だが、日本の大学とは決定的に違う光景がそこにはあった。

若者たちの後方には、北朝鮮の国旗がさん然とひるがえり、「わが人民の偉大なる首領金日成《キムイルソン》大元帥様万歳！」のスローガンが掲げられている。

大学校の敷地を画する玉川上水沿いのフェンスの上に、厳めしい鉄条網が何重にも張り巡らされているのは、侵入者を防ぐためなのか、それとも……。

「アメとムチ」の新入生獲得工作

17年2月末、総連は中央本部で教育合同会議を開催し、議長の許宗萬《ホジョンマン》は出席した朝大学長の張炳泰《チャンビョンテ》（当時）や全国約60の朝鮮学校校長らを前に「2017年4月入学の朝大新入生は何としても200人を確保せよ」とハッパをかけた。崇拝を強いている朝鮮労働党委員長、金正恩《ジョンウン》の偉大性に改めて確信を持たせることや、質の低下が深刻な朝鮮学校教員のレベル向上を命じることも忘れていなかった。

総連は、今後10年間を「朝大の存亡を左右する最重要期間」と位置づけ、それまでにも日本の大学への進学を希望している朝鮮高級学校（日本の高校に相当）生を朝大へ呼び戻すことや、日本の高校に通う在日コリアン生を積極的に朝大へ取り込むことを命じてきた。中でも組織の中核となる人材を育成する政経学部に、優秀な生徒を集めることを改めて指示。この10年の内に「新入生６００人を実現せよ」という、とてつもない大目標をブチ上げていた。

もちろん、総連がどれほどきつい「ムチ」を入れようとも、意識もニーズも変わった今どきの朝高生は自ら進んでは朝大へ行きたがらない。

となれば「アメ」が必要だ。

朝大の学費・寮費がタダになる給費生は、政経学部で将来、組織の専任活動家になる在校生、教育学部で朝鮮学校の教員になる男子在校生らにも適用された。17年度からは、給費生以外の政経学部生を対象に、年間20万円～30万円を支給する奨学金制度も拡充している。

新入生獲得工作はまだある。

総連関係者によれば、日本の大学受験に失敗した朝高生をターゲットにして、「浪人するぐらいなら朝大に来たらいい。そこを卒業してから、日本の大学院へ進めばいいんだよ」と誘いかけたという。朝高生本人はもちろん、総連組織に属する保護者に対して、ポストを引き替えにプレッシャーを掛ける無理強いも、相変わらず横行している。

こうした硬軟両面の一大工作が功を奏したのか、17年度の目標として掲げた「200人」を超える新入生を迎え入れることができた総連・朝大当局は、ひとまず胸をなで下ろしたことだろう。

だが、朝大の現状をみれば、懸命の工作も〝焼け石に水〟程度の効果でしかない。200人は、全朝高卒業予定者の4割に満たない。朝大入学者はここ2年、微増を続けているとはいえ、「母数」となる朝鮮学校全体の在校生数自体が、激減しているのだから、総連が掲げる「朝大の新入生600人」などは、絵空事というほかない。

学費免除制度もいいが、拡充が過ぎれば、ただでさえ厳しい大学財政がパンクしてしまうだろう。実際に2019年度に入学したのは約150人で、「600人」の目標には遠く及ばない。

浮上する？「朝大の認可見直し」問題

入学式（2017年）の1カ月前には、約160人の朝大卒業生が巣立っている。配置（就職）先は、総連が最重視している朝鮮学校の教員が約60人、在日本朝鮮青年同盟（朝青）の専任活動家が約20人。他に、系列の金融機関約30人、商工会4人、芸術団体2人、研究院（大学院のような組織）11人……など。だが、総連関係者によれば、3年後には、組織に配置された5％しか残っていないという厳しい現実がある。

卒業生総数約1万7000人。

あまたの総連組織の活動家や朝鮮学校の教員を送り出してきた朝大は、いみじくも総連自身が内部資料で切実な危機感を滲ませたように、「存立」ギリギリの瀬戸際に立たされているといっていい。

ここは日本じゃないのかと葛藤

大きな岐路に立つ、「今の朝大」「今の総連」の姿は、朝鮮大学校の出身者や関係者の目に、どう映っているのだろうか。

総連幹部だった父親や北朝鮮の家族・親類の姿を赤裸々に描いたドキュメンタリー

映画『ディア・ピョンヤン』『愛しきソナ』で注目を集め、朝大を舞台にした小説も書いた映画監督のヤン・ヨンヒ、52歳。スラッとした長身で凛とした美しさを感じさせる女性だ。

父親は総連大阪の幹部、母親も熱心な支持者。ヤンは、総連が強い地域に育ち、大阪の朝鮮高級学校（高校に相当）から朝大文学部に進んだ。優等生だった3人の兄は、帰国事業で北朝鮮へ渡っている。

だが、ヤン自身は総連コミュティーにすっぽりハマっていたわけではない。むしろ、強い葛藤と闘いながら生きてきた。

「はっきりと違和感を持ち始めたのは高校（高級学校）時代でしょうか、個人主義的、自由主義の人間（ヤン）が全体主義の価値観を強いる学校に通っていたわけですから相容れる訳がありませんよね。小学校（初級学校）のときには、（当時、総連内で権勢を誇っていた）〝金炳植《キムビョンシク》第一副議長先生様〟と授業の中で何度も復唱させられたことを強烈に覚えています。学校や組織からは〝父親がそう（総連幹部）だから、あなたもそう生きなさい〟と常に言われる。総連の仕事に従事するのが当然。それが義務だ、運命だって。兄たちにはもっとキツかったと思う。日曜日も政治学習、（金一族に）忠誠を誓うのは当然……。私も好きな映画や演劇がなければ、その道へ行っていたかもしれません」

朝高の進路指導は強烈だった。

ヤンは、出身成分（総連組織幹部の子弟など）が良く、さらに成績優秀者であったのでエリート集団「熱誠者学習班《ヨルソンジャハクスッパン》」に選抜されていた。卒業後の進路を決める際には総連に進路決定を任せる「組織委託」を命じられる。

説明が必要だろう。

「組織委託」になれば朝高卒業後、2年ほど、地域の青年同盟など総連傘下組織で働き、その後朝大へは学費無料の給費生として進学する。朝大では他の在校生を統括するリーダーの役割を担い、朝大卒業後は、組織のために一身を尽くすことを期待される「道」だ。

「校長、（学習班の）指導員、担任……あらゆる人たちから〝組織委託をすると（自分から）言いなさい〟と責め続けられました。泣いても許してはくれません。他の同級生とは別次元。（ウンと言わない私は）まるで〝罪人扱い〟でした。（指示に従わねば）親に迷惑がかかるという思いの一方で、1回誓ってしまうとレールに乗せられてしまい、もう引き返せないという恐怖感がありましたね。このときのトラウマがなければ、今のような私にはならなかったかもしれません。私の作品のテーマは、〝全体主義や権力の中で個人がどう生きて行くか〃ですからね。何よりも価値観を押しつけられるのが嫌いな私を、組織の人間にしようとした総連側の完全な人選ミスですよ（苦笑）」

結局、ヤンは母親に事情を打ち明け、組織委託となることを拒み通す。そして、「演劇や映画の勉強を幅広くやりたい」と考えて、一般生として朝大文学部（現文学歴史学部）へ進む。だが、朝大でもヤンの期待は再び裏切られることになる。

「東京（朝大）へ行けば、いろんな勉強ができる、演劇三昧の生活ができると思っていた。（思想面や生活の締め付けは）朝高よりも朝大の方が〃緩い〃と勝手に想像していましたから。でもそれは、まったくの勘違い。〃朝大は総連幹部の養成機関だ〃〃辞めるのは裏切りだ〃と毎日のように言われる。私がもし朝大を辞めたら父や兄に迷惑がかかる。家族単位で連帯責任を問われているような感覚が常にありました。でも、周りの大学（武蔵野美術大学や津田塾大学）を見れば、同じ日本で、同じようにドリフやピンクレディーで育ってきたのに何が違うの？何で所へ私は来てしまったのか、ここは〃日本じゃないのか〃って常に葛藤です。だから1年のときは暗かった。いつも下向いて歩いていましたね。休みのたびに大阪へ帰り、友達とヤケ酒を飲んでは〃こんな学校辞めてやる〃というのが口癖でした」

やがてヤンは、朝大で演劇好きな面白い先輩と出会う。先輩はこう声を掛けてくれた。「お前みたいなヤツが朝大にも組織にも必要なんだ」と。

「先輩の言葉にすがろうと思った。そして、朝大がどういうところかとことん見てやろう、と。息苦しい朝大の生活を経験したことで（北朝鮮へ帰国した）兄たちはもっと苦しんでいるんだ、と真剣に考えるようになりましたね」

「価値観の押しつけ」はイヤ

現在、ヤンはドキュメンタリー映画の内容などが問題視されたため、北朝鮮へは行くことができない。兄や兄の家族とも会うことも叶わない辛い状況だ。今も総連を支持している高齢の母親からは、「なんでヨンヒはそんなしんどい生き方をするの」と心配されもする。

ヤンはこう思う。

「うちの家族は総連コミュニティーの中でずっと生きてきた。母は今もそう。ただ時代は変わりました。母は私を心配しながら、私の生き方も少しは認めてくれるようになりました。北に家族がいるから話は出来ない、ということはそろそろ終わりにしないと、いつまでも分かり合えないと思います。

でももし、組織の中にいる人がまだ実名で言えないのなら、組織から出た私のような人間がその分も語るべきじゃないかな。暴露や告発じゃないけど、せめて事実を知りたいし、伝えたい。それが〝私の役回り〟だと思います」

ヤンは、朝大を舞台にした小説も執筆した。隣り合わせにある最も自由な学校（武蔵美）と最も自由がない学校（朝大）の2人が〝ベルリンの壁〟を乗り越えて恋に落ちる。恋愛のエピソードは事実ではないが、モデルは当時のヤン自身だ。

在校生が激減している朝大や朝鮮学校をどう見ているのか。

「朝大卒業後、半ば仕方なく母校（大阪朝高）の教員になったんです。そのとき家庭も立派で成績も優れた生徒が、私にこう言ったことが忘れられません。〝先生、僕を朝大へ送らないといけないのでしょ。ノルマがあるでしょ。僕は日本の大学へ行きたいけど、先生が絞られるのなら朝大へ行ってもいいよ〟って……。自分の朝高時代を思い出した私は〝絶対に自分の意思を貫きなさい。あんたの希望を守る〟って言いました。自由に意見も言えず、価値観を押しつけられることが一番イヤなんですよ。朝大ではレポートの形式まで決まっていて、最後は（金一族への）忠誠心で締めくくらないといけない。私はそれがイヤで白紙で出したこともあります。

朝鮮学校はいじめも少ないし、仲間意識も強い。思想教育さえなければいい学校だとよく言われます。でもね、総連と一体となった今の教育は民族教育じゃない。(北朝鮮の)国家教育です。守っているのは子供じゃなく組織。それを〝母校愛〟という言葉でフタをしてしまっていいのでしょうか。柔軟な発想を持ち、国家教育ではないグローバルな教育、国際社会、民族、語学も朝鮮語、日本語、英語も全部学べる学校に変われるならば、きっと、みんなも子供を入れたいと思うでしょうね」

凛とした顔だった。

秘密を公にする覚悟

「〝縦〟線だけで、〝横〟線がない。それが私にとっての朝大だった」

70代の男はそうつぶやいた。

歴戦の闘士だったのだろう。赤黒い顔に、深いしわが刻まれている。タカのように鋭い目つきが印象的だ。

総連・朝大が、東京都に「各種学校」の認可を求めて、一大キャンペーンを展開していた1960年代。その裏で、激しい権力闘争の嵐が吹き荒れていたことは、彼らにとって知られなくない〝闇〟にちがいない。

権力闘争や思想闘争による殴る蹴るの暴行、在校生が教員に手を出し、つるし上げる。教育現場にあるまじき修羅場だった。

朝大生で指導的立場にあった男は、思想闘争の先頭に立つ。逃げ出した在校生は、故郷まで追いかけていって連れ戻す。言うことを聞かない人間は、親を説得して強引に帰国船に乗せ、北朝鮮へ送った。

だが、そのときは見えなかったコトの真相が次第に明らかになる。

「革命・愛国・忠誠」の名の下に行われたことは結局、醜い権力の奪い合いの片棒を担ぐことに他ならなかった。

「権力を握っている側なのか、反旗を翻す側なのか……。ここでは〝敵か味方か〟しかなかった」

やがて男は、突然〝追われる側〟になってしまう。命の危険を感じ、隙を見て逃げた。懸命に身を隠し、ついには外国まで……。

「（総連は）3度変わるチャンスがあったと思う。だが、変わらなかった」

「私も自分がやったことに対して〝疑問〟を持っている。そいつを整理したい。秘密を公にすることで、在日がこの問題と実直に相対する基礎になってほしい。それが願いだ」

男は杯の酒をあおり、下からねめつけるような鋭い視線をこちらへ向けた。

「それには覚悟が必要だ。（記事を書く）あんたには覚悟があるか？」

今のままじゃ子供は通わせたくない

ボクシングのWBAスーパーバンタム級の元世界チャンピオン、李冽理《リレツリ》、35歳。精悍《せいかん》な顔つきと、鍛え込まれた身体は、現役を引退した今も変わらない。

大阪朝高から朝大体育学部へ進んだ。入学当時、朝大のボクシング部は低迷（関東3部）し、指導者もおらず、練習施設や環境も貧弱だったが、「僕の力で朝大を一番にしてみせるという意気込み」だった。

父親は熱心な総連支持者。李自身も母校愛はひと一倍強い。だから、プロボクサーとして、より幅広い活動を考えて、朝鮮籍から韓国籍へと変えるときは悩み抜く。「朝大初の世界チャンプ」だと熱心に応援をしてくれた同級生らの顔が浮かび、「これからは僕が〝日朝韓の架け橋〟になる」と誓った。

朝大時代（2000年代初め）、すでに時代は移り、学校を取り巻く環境も変化を見せ始めていた。

「昔の朝大は〝朝鮮民族の誇りを守りたい人間が行くエリートの学校〟だったと思い

ます。だけど僕らのころは、自分から行きたいという人はあまりいない、何か目的を持って勉学をしようとする人も少ない。ただ（朝高の）先生が行け、親が行けというから来た人が多かったですね。（思想面や私生活を定期的にチェックする）〝総括〟はありましたが、昔に比べると緩くなっていたと思います。男女交際も黙認でした。

ただ、集団生活になじめない人間には辛いでしょうね。体育学部はスポーツで鍛えられているからいいとしても、問題は何もやっていない人間です。ボンボンもいれば、ヤンキーもいましたから。同期はやはり朝鮮学校の先生になったのが多い。経営学部で商工人の息子なら起業したり、弁護士も出ている。結構、有能な人もいるんです」

東大　慶応……ボクシングの試合では日本の大学との定期戦もある。栄養学の講義などは他大学の日本人講師が担当し　それなりの学問レベルを保持していたという。

世界チャンピオンになってからは、「（朝鮮学校の）卒業生に僕の姿を見てほしい、それで喜んでくれれば」という思いが常にある。たとえ、世間からは厳しい目を向けられようとも、後輩たちには、頑張って「夢」を実現させてほしいと思うのだ。

ただ、総連組織から離れたいま、母校を見る李の思いは複雑だ。

「今の北朝鮮の核・ミサイル問題はまったく理解できないし、報道で悪く言われても仕方がないと思う。たとえ僕が何か言っても一般の日本人は耳を傾けないでしょうし、僕自身も悪い印象しかない。朝鮮学校の生徒も減っているし、閉鎖も増えているのは事実でしょう。だけど、子供たちは悪くないんです。上の状況なんて分からない。親に言われて学校に通い、無邪気に育ってきたのですから……。やはり僕らにとって学校だけは違うんですよ。親の代から受け継いできたものを守りたい人間もいる。それを支援してきたのは北朝鮮じゃないか、というジレンマに陥るわけです」

では、どうすればいいのか。

「純粋に学問の場になればいい。実際、僕らより少し上の世代では、総連とは縁を切ってもいい、僕らだけで学校をやりましょうという話も出ています。今のままでは、朝鮮学校の先生になっても給料は遅配続き、朝大へ行っても将来が描けない。このままいけば学生がいなくなり、学校もなくなってしまう。深刻な危機、瀬戸際ですよ。どうするのか？　本当に学校を守りたいのならば総連と別組織で運営するなり、思い切らないといけないと思います。問題なのは思想教育だけじゃありません。（朝鮮学校で習う）朝鮮語だって韓国じゃ通じませんよ。僕自身は自分の選んだ道を後悔していません。でも今のままだと、僕の子供だって通わせたくはありません。現実的に子供のためにならないと思うからです」

実態は北朝鮮、総連と〝一体〟

渋い顔つきは、年配の個性派俳優に似ている。

60代、1960年代に朝大文学部（現文学歴史学部）へ進む。

「ロシア語を勉強して国際社会で活躍したいと夢を見た」

スポーツにも秀で、日本の大学との対戦ではほとんど負け知らず……。

そのころ、北朝鮮の初代権力者、金日成を絶対化・神格化させる大変革の動きが、朝大に押し寄せ、全在校生を集めて、思想や朝鮮労働党の方針を学ぶ特別講義が行われた。

「特講だけは絶対にサボれない。厳しい思想総括に耐えきれず、担任だった教員も学校から去っていった」

男も執拗《しつよう》にやられる。

「朝高時代の3年間×365日を自己批判せよだって？　覚えているはずがない。反省文を書いても書き直し。4日連続で責め立てられたけど、歯をくいしばってがんばった。辞めたら負けでしょ」

だが、朝大卒業後に配置（就職）された事業体でも思想総括は続く。ささいなことで延々と……。もう限界だった。

ボクシングの李などとは違い、朝大や朝鮮学校を見つめる目はいたって冷ややかだ。

教育内容を変えるって？

「無理だよ。変わりようがない」

「ずっと、総連支持者の求心力は朝鮮学校にあった。〝学校への援助はするけど総連への援助はしない〟という人もいる。だけど、実態は〝一体〟じゃないか。総連も北朝鮮も朝大を絶対に手放さない。だから、北朝鮮が崩壊でもしないかぎり変わらないんだよ」

淡々とした口ぶりだった。

「あんなに減っているとは思わなかった。衝撃の数字だ」

70代の総連関係者は、信じられないといった表情で天を仰いだ。

2016年、法務省の入管当局が46年ぶりに発表した在日コリアンの「朝鮮籍」「韓国籍」の内訳（15年末統計）。約50万人のうち、朝鮮籍者は約3万4000人しかいなかったのである（※16年末統計ではさらに減って約3万3000人）。

1970年には29万人だったから、その激減ぶりは著しい。もちろん朝鮮籍＝北朝鮮・総連支持ではないが、多いのも事実。総連のマンパワーを見る上で、ひとつの目安にはなる。

「想定していた半分以下。おそらく総連は本国（北朝鮮）にもウソの数字を報告していたのではないか。ショックだ」

総連サイドは、この内訳を公表しないよう、入管当局などに強く要請していたとされる。だが、対北強硬政策を取る安倍晋三政権は、〝闇〟を白日の下にさらすべく、ついにその「カード」を切った。

元副学長の告白

朝大の副学長を23年間務め、北朝鮮の政治思想「主体思想《チュチェ》」研究の日本における第一人者といわれる朴庸坤《パクヨンゴン》、89歳。いつも穏やかな笑顔を絶やさない老学者だ。

２０１７年３月、自叙伝ともいうべき『ある在日朝鮮社会科学者の散策』（現代企画室）を出版した。

内容は衝撃的だ。１９６０年代に総連・朝大内で吹き荒れた激しい権力闘争の嵐に巻き込まれ、ノイローゼになって自殺まで考えたこと。72年に北朝鮮の指示で、金日成の還暦祝いとして朝大生２００人を〝貢ぎ物〟のごとく送り出した内幕。そして、朴が生涯をその研究に捧げた主体思想が金正日によってねじ曲げられ、父親の金日成の神格化に利用されたこと……。

経歴は華麗だ。60年、朝大が小平の新キャンパスへ移った翌年、政経学部の教員となり、同学部長、副学長を歴任。総連傘下の在日本朝鮮社会科学者協会（社協）の会長職も10年務めた。政治思想「主体思想」を体系化し、97年に韓国へ亡命した元朝鮮労働党書記、黄長燁《ファンジャンヨプ》にも近い。

あまたの総連幹部を輩出した朝大政経学部での教え子は数千人を数え、総連中央の現幹部にも薫陶を受けた者は多い。朝大の〝生き字引〟ともいえる人物だ。総連の初代議長で、朝大の初代学長（後に終身名誉学長）でもあった韓徳銖《ハンドクス》には特別にかわいがられた。

48年、朝鮮半島から日本へ密航し、愛知大でマルクス経済学を学んだ朴は、日本人の妻と帰国事業で北朝鮮へ渡ることを決心していたが、60年、総連中央から朝大拡充のために教員として呼ばれる。担当科目は「朝鮮経済史」「経済原論」などだった。

「日本に残るのもいいと思いました。妻は朝鮮の習慣も食べ物も知りませんから。何より、総連中央の決定に逆らうことなんてできるはずがありませんしね」

だが、朝大へ赴任のあいさつにいった朴は、いきなり屈辱的な〝洗礼〟にあう。

『ある在日朝鮮社会科学者の散策』を引いてみたい。

《彼（朝大教務部長）は開口一番、「朴庸坤先生を組織は必要としています。しかし、日本人妻とは別れてください。これは忠告です」と単刀直入に宣言した。（略）私は緊張して、対決した。「出世するために愛知大を辞めて、朝大に来たのではありません。朝鮮の学生を教えたかったから来たのです。妻と別れる気は毛頭ありません。帰ります」。後で知ったが（略）朝大の初代、二代、三代の学長はみな日本人か白系ロシア人と結婚していたが、この風潮に逆らわず学長になる前に離婚していた》

同じ立場の総連幹部にも同様の措置が取られていた。同じ頃、朝大の講師も務めたロシア文学者の角《すみ》圭子は、総連中央の幹部だった夫の鄭雨沢《チョンウテク》（北朝鮮へ帰国後、粛清）と別れさせられた上、朝大講師の職も失ったことを、自著『鄭雨沢の妻—「さよなら」も言えないで』に記している。

朝大では徹底して「日本人との関係」が問題視された。

朴がこう振り返る。「たとえ優秀な学生でも、母親が日本人だったりすれば、朝大には教職員としては残れない。栄誉の印たる称号も貰えない。（幹部養成の）政経学部は特に厳しかった。いくら総連中央に提案してもダメ。僕も同じような立場だったから、そうした学生を見るのは辛かったですね」

その後も朴には「日本人妻」の問題がつきまとう。学長昇進の話になると、妻の問題とともに、地域感情の対立が強い「全羅道（現在の韓国南西部）出身」が取り沙汰された。全羅道出身者が朝大学長になれば、有力商工人などが多い慶尚道出身者からの寄付金が集まらなくなるというのである。

定年を間近に控えたとき、朴は韓徳銖から「最後の忠告」を受ける。「経営の問題（全羅道出身）は僕（韓）が何とか補助しよう。だけど、〝民族教育の最高学府（朝大のこと）〟の学長の奥さんが〝日本人〟じゃ話にならないじゃないか」

つまり、日本人の妻と離婚すれば、学長にするということだ。だが、朴は断わった。

「僕は今の状況（副学長）で十分です。役割を果たせます。心配しないでいいですよ」

23年間も副学長を務めながら、朴が朝大学長になる日はついに来なかった。

暴行を止めることができなかった

金日成の絶対化・神格化の動きと連動して、1960年代半ばから70年代初めにかけて総連・朝大で吹き荒れた権力闘争についての記述もすさまじい。

北朝鮮でこれを強引に推し進めたのは世襲後継者の座を確立しつつあった長男の金《キム》正日《ジョンイル》（後に総書記）である。

67年5月、北朝鮮の朝鮮労働党中央委員会第4期15次全員会議で、金正日は父親（金日成）の「首領絶対化」を掲げ、党内の「修正主義およびブルジョア分子」を粉砕し、「唯一思想体系」を構築することを打ち出す。政敵となる幹部やその系列下の人間が次々と粛清され、翌月の16次全員会議では、「党の唯一思想体系の確立」が決定された。

首領たる金日成の思想だけを唯一無二として認定したもので、以後、党内でのイデオロギー論争は一切封印されてしまう。さらには、荒唐無稽な金日成による抗日パルチザンの革命歴史だけが正統とされた。そして、その正統の血を受け継ぐ金正日こそが、後継者にふさわしいという図式である。

この流れに乗って、総連内部でも激しい権力闘争が起きた。それを主導し、後に失脚した総連幹部の名をとって「金炳植事件」と呼ばれる大抗争である。

首領・金日成の絶対化を〝錦の御旗〟に掲げて政敵を追い落とし、総連第一副議長に登り詰めた金は、やがて議長、韓徳銖に取って代わる野望を抱く。金は、秘密の私兵部隊（フクロウ部隊）を使って、政敵の尾行、監視、盗聴、密告を実施する。アラを見つけ出しては「反党反革命分子」のレッテルをはり、つるし上げ、殴る蹴るの暴行を加えさせた。

朝大では、すべての学問が金日成を絶対化する「唯一思想」や荒唐無稽な「革命歴史」に結び付けられ、朝鮮労働党の方針を学習する特別講義は、全員参加を義務付けられた。従来のマルクス・レーニン主義や朝鮮史など、純粋な学問を専門とする〝インテリ学者〟や、金炳植の政敵とつながる教職員は、容赦のない思想総括を繰り返し求められた揚げ句、憔悴しきって学校から去っていった。

「僕の講義もなくなり、〝経済学批判〟などの科目を新たに設けてもらい細々と講義を続けた。図書館の本も全部焼いてしまった。『三国志』もですよ。歴史を学びたいのなら『金日成の革命歴史』を読めばいいということでしょう。僕は（金日成が）抗日パルチザンとしてやったことは認めているけど、実際にはごく一部でしかなかった。それを全部〝自分の功績〟にして歴史を塗り替え、政敵を粛清してしまった。すべてが嫉妬と警戒のためです」

朴の著書には、同僚教員が激しい暴行を加えられる場面も出てくる。

《大学の教職員の思想点検が始まった。極左学生運動の内ゲバ的な自己批判だった。思想点検をするシステムと執行官が決められた……手法は情報組織が手先をつくるためにつかう洗脳方式、「まず徹底的に叩け。腑抜けにしろ。それから種を蒔け」》

《彼に、フクロウ部隊のテコンドウで鍛えた青年たちが襲いかかった。ひとりが胸元を足で蹴り上げた。前にぶっ倒れ、口から血を吐いた。壮絶なリンチだった。私は顔を背けた。恐怖心で足が震えた。（教養部の）某が「お前が死んだら錘をつけて村山貯水池に放り込んでやるぞ。痕跡は残らんぞ」とうそぶいた。これが教壇に立った教師の言葉なのかと驚愕した。加害者側の人格も完全に破壊され、まるで地獄で亡者を追う赤鬼、青鬼に変じていた》（『ある在日朝鮮社会科学者の散策』より）

「僕は、革命家のつもりだったけれど、暴行を止めることができなかった。革命家の資格はない、もう大学を辞めるつもりで、〝碁会所のおやじになる〟と女房に告げました」

やがて、朴自身も、ターゲットにされてしまう。

「僕は手を出されることはなかったが、午後5時から午前3時までずっと反省文を書かされる。提出しても突き返される。何日も何日もです。何がダメなのか？　と聞くと〝金炳植第一副議長への観点が正しくない〟と言われる。もうノイローゼになって、玉川上水に飛び込んで死のうと思ったが、〝自殺〟だと回りに迷惑がかかる。だから事故を装って車に飛び込むつもりでした」

だが今度は、金炳植自身が失脚する。72年、金は〝片道切符〟で北朝鮮へ召還された。議長である韓徳銖の差し金だ。金は後になって名誉職の北朝鮮国家副主席への就任が伝えられたが、二度と日本へ戻ってくることはなかった。

金日成の神格化に利用された「主体思想」

朴は荒れに荒れた朝大の再建を託される。

金の失脚と同時に一気に立場が逆転。朝大の全教職員を大教室に集めて全体集会が開かれたとき、金の尖兵として朝大を牛耳っていた教養部の男がつるし上げられ、怒号が浴びせられた。

男はたまらず教室から逃げ出す。

「お前はそれでも革命家なのかっ。逃げるなんて卑怯じゃないか」

男の背中に厳しい言葉が投げつけられた。

追う方と追われる方の果てしないせめぎ合い。正常化までには長い月日が必要だった。

学者としてあらゆる要職についた朴は2004年、金正日独裁政権の非理に触れた論文が総連から問題視され、朝大副学長職を解任されてしまう。

学者にとって、生涯をかけた学問が権力者によって政治利用されることほど許し難いことはない。「主体思想」は金正日によって都合よくねじ曲げられ、父親の金日成の神格化に利用された。それに強い不満を感じていた黄は亡命し、朴は論文で批判した。

黄の亡命前、モスクワの国際セミナーで、こうした事実を暴露した上、北朝鮮ではそれに呼応して金正日の義弟で、後に金正恩によって粛清された張成沢《チャンソンテク》や軍の幹部が決起する計画も密かに進められていたという。

さらに07年、朴はＮＨＫのテレビ番組での発言によってすべての称号や肩書を剥奪された。その発言とは、１９７２年、北朝鮮本国の指示によって、現役の朝大生２００人を、金日成の還暦祝いの祝賀代表団として、〝片道切符〟で北朝鮮へ帰国させた事実を初めて公にしたことである。

北朝鮮の朝鮮中央通信は、朴のことを「人間のクズ」「民族の反逆者」と罵った。このことについては第五章で詳しく書きたい。

幸いだったのは朴が自分の子供を北朝鮮へ送らず、「人質」にされることがなかったことだ。実は北朝鮮本国の総連の担当部局からはそういった指示が来て、朴と妻も当時まだ中学生だった息子を帰国させることに同意していたのだが、実情を知る別の朝鮮労働党幹部がストップを掛けてくれたのだという。朴と妻は今のそのことに感謝している。だからこそ信念を曲げずに本を書くこともできるのだ。

今も「主体思想」について活発な著述活動を続けている朴は、「現在の総連や朝大については知らないし、関係がない」という。

ただし、あれだけの教え子がいる朴だ。情報は常に入ってくる。そして、信念に基づいた著述活動や発言には臆するところはない。

「(北朝鮮の)今の体制や世襲については反対だ。民族教育は絶対に必要だし、朝鮮学校は存続させるべきだと思うが、教育内容は変えなきゃいかんと思います。国際化をし、国際的に通用する人材を育成していく。民族を愛し、世界を愛する思想教育、博愛の世界観を教えないと朝大は発展しません。ただし(朝大や朝鮮学校の在校生が)減っているのにはもうひとつの側面もありますよ。日本政府の政策があまりにも総連に厳しいのではありませんか。やむを得ない部分もあるが、出すものも出さない(無償化や補助金)状況では、学校の運営も困る。当然、学生も減りますよ。僕はそう思う」

穏やかな笑みを浮かべながら静かにこう語った。

第二章▼ヒトもカネも逃げていく

朝大はあこがれの学校だった

「朝大へ行けば生涯食いっぱぐれがない。嫁さんのキテもいっぱいあったな」。70代の朝大OBはそう懐かしむ。

「在日朝鮮人の民主主義的民族教育の最高学府」と総連が誇った朝鮮大学校。総連組織の活動家や朝鮮学校教員の養成機関として、総連コミュニティーに育った在日コリアンにとっては、あこがれの学校であった。

逆に、朝大を出ていなければ、組織内での出世は難しい。朝大出身ではなかったがゆえに、悔しい思いをした在日コリアンの多くが、無理に無理を重ねてでも高い学費を捻出し、どうしても行かせたかった学校が朝大だった。

その価値と意味を知り尽くしていた総連の初代議長、韓徳銖《ハンドクス》は、名誉職とはいえ死ぬまでトップの座を譲らなかったのである。

日本各地にある朝鮮高級学校（日本の高校に相当）は、文科省管轄の、いわゆる「一条校」ではない。朝大も含めて初級、中級、高級学校も皆、都道府県が認可する料理学校や自動車教習所などと同じ「各種学校」である。そこでは学習指導要領に沿った教育は行われないから、多くの日本の大学は、朝高卒業生の受験資格を長い間、認めなかった（現在でも、学歴上の高等学校卒と公的には認められないが、各大学が個別に、「文部科学大臣の定めるところにより、高等学校を卒業した者と同等以上の学力があると認められる者」として、朝鮮高級学校の課程を修了した者に出願資格を与えることがある。また、高級学校の中には、日本の公立の通信制高校への同時入学制度を独自に設け、卒業時には日本の高校卒業資格の取得をしているところもある）。

当時は、彼らが高等教育を受けようと思えば、朝大へ行くしかない。また、在日コリアンが大学を出ても、多くの企業が受け入れを拒んでいた時代もまた長かったのである。

そこに朝大の存在価値があった。

朝大を出た彼らは、総連組織の中核を担う人材となり、あるいは朝鮮学校の教員となって、また新たな生徒を朝大へと送り出す。朝鮮学校→朝大→総連コミュニティー内での就職という「自己完結型」「再生産」のシステムが出来上がっていたのである。

優秀な生徒ほど日本の大学へ

だが、時代は変わった。

国際社会の厳しい批判にさらされ、北朝鮮に盲従を続ける総連コミュニティーは細る一方。日本人拉致事件の発覚、国際社会の度重なる警告を無視した核・ミサイルでの恫喝、乱脈融資の限りを尽くして潰れた朝銀信組……。コトある度に、ヒトもカネもどんどん総連・朝鮮学校から逃げていってしまう。

そして、2000年代前後以降、多くの日本の大学が朝高卒業生に門戸を開くようになった。また日本企業による在日コリアンの採用も、以前ほど閉鎖的ではない。日本の大学には、金父子の肖像画も飾ってなければ、独裁者一族への崇拝や北朝鮮の政策に従うことを強いられることもない。就職にもずっと有利だし、朝大のように、全寮制で私生活まで縛られることもない。

そして何より、朝大を出て、在日社会のために尽くしたくとも、無給・遅配が常態化した総連組織の配置先（職場）では食べていけない。

今どきの若者である。

優秀な生徒が、どんどん日本の大学へと流れていくのは当たり前であろう。今や、朝大が誇った「ブランド力」は完全に地に墜ちた。

8学部600人の総合大学?

具体的な「数字」を挙げて、朝大の〝今〟の姿を見ていこう。

朝大の在校生数約600人（2019年度現在）は、最盛期（1990年代半ば）の約3分の1近くに激減している。

朝大が発行するパンフレットによれば、政治経済▽文学歴史▽経営▽外国語▽理工▽体育▽教育▽短期（2年制）と、全学で8学部17学科もある。まさに総合大学並みだ。

学ぶ科目は、日本の大学と同じような科目もあるが、専門科目になると、主体哲学▽朝鮮政治論▽現代朝鮮法▽在日朝鮮人研究など、北朝鮮や在日社会に絡むものが並ぶ（※巻末資料編参照）。教材は教員が用意したプリントなどを使うことが多い。

朝大は全寮制だ。閉ざされた空間の中で24時間、生活をともにし、勉学に勤しむ。外出には許可が必要だ。寄宿舎（寮）は4人～6人部屋。毎晩、夕食後に寮の部屋ごとに〝一日の総括〟を行う。学生生活を送る上での決まり事を破ったり、「愛国（もちろん北朝鮮のことだ）」の姿勢が欠けていないか、互いに自己批判するのである。特徴的なのが〝組織生活〟だ。在校生全員が総連傘下の政治組織（朝青）への参加を義務づけられ、思想学習や組織の活動にも動員される。

同じ資料によれば、施設も立派である。

約2万坪の敷地に、研究棟、10万冊以上の蔵書を誇る図書館、人工芝・ナイター設備付のグラウンドや体育館、講堂、食堂、1号館～8号館まである寄宿舎……。

だが、そこにいる在校生は、4学年トータルでも約600人しかいないのはすでに書いた。8学部で単純に割り算すると、1学部80人弱、4学年だから1学年20人。

これは、朝大が東京都に届け出ている「定数（1220人）」の約半数でしかない。いくら何でも、この人数では高等教育機関としての学校経営が成り立っていかないであろう。通常の大学ならば、存続が心配される深刻な〝定員割れ〟状態である。〝数〟が減れば、必然的に〝質〟も低下するのは自然の理だ。

「教授、博士などの学職・学位をもつ者や各分野の専門家の在日朝鮮人、非常勤の日本人教員など」（朝大パンフレットより）と、いかにも豪華な顔ぶれが揃っているような印象の教職員数も約80人に減った。総連関係者によれば、彼らの月給は若手なら

10万円強でしかない。

朝大が大学院と称する「研究院」に在籍する在校生も、実際は主に〝外〟で勉強している。研究する環境が整っていないから、籍だけ朝大研究院に置いて、日本の大学院へ通う。戻ってくるのは思想学習を行うときだけだ。

朝鮮大学校の正門

かつて朝大の運営費は、年間約10億円といわれた。在校生の大幅減少による財政ピンチ（学費・寮費の減少）は寄付に頼るほかない。創立60周年を迎えた2016年、ＯＢや総連系の商工人（企業経営者）らに大号令がかかる。

記念寄付金の目標額は2億4000万円。

1万7000人を数える朝

大卒業生の同窓会、同期会、学部の集まりの絆は極めて強い。いつもなら「まとめ役が幹事になって個々に金額を指定し、半ば無理やり割り振っていく。みんなも〝母校のためなら〟とがんばったもんだけどね」（60代OB）。

だが、今回の結果は無残というほかない。目標の半分以下である1億円強しか集まらなかったのだ。

今や総連が必死で笛を吹いてもコミュニティーは踊らない。

文化祭の光と影

「KO　KO（ここ）からたしかな未来へ」。

16年11月13日、秋晴れの日曜日。東京都小平市の朝鮮大学校で、創立60周年記念の学園祭が開かれた。

掲げたテーマの2つの「KO」は、地元の「小平市（東京都）」と「コリアユニバーシティ」の頭文字から取ったものだ。

朝大は、武蔵野の閑静な地にある。JR中央線国分寺駅から西武国分寺線に乗り換えて鷹の台駅下車。そこから玉川上水に沿った道を15分ほど歩くと、キャンパスだ。隣は武蔵野美術大学、周辺には創価学園や津田塾大学などがある文教地区である。

ここへ移ってきた約60年前には、見渡す限りの畑の中で、校舎なども教職員や在校生が作業して自ら建てたというのが自慢だった。

普段は出入りのチェックが厳しい朝大も、学園祭が開かれるこの日ばかりはフリーパス。朝大正門脇には、抗議デモなどに備えるためか、警察車両が横付けされていたが、大きな混乱はなかった。

朝大学園祭で配布されたパンフレット

校舎内は若者のカップルや家族連れでにぎわい、焼き肉やビビンパの模擬店が並ぶ。メーンステージでは、ダンスパフォーマンスや在校生バンドのライブ、チョゴリ（民族衣装）ファッションショー、朝鮮と日本の歌謡メドレーなど、賑やかで楽しげなイベントも繰り広げられている。

近隣住民らしい姿も多い。

朝大OBによると、大学校当局は彼らとのトラブルを起こさないよう常に神経を尖らせてきたという。

「外で酒を飲むなら近くはダメだ。電車に乗って遠くの駅まで行け。飲みたいならその街で飲め、と言われましたから」と打ち明けるのは30代のOBだ。

常から北朝鮮の国旗を校舎に掲げている〝得体の知れない学校〟である。訝《いぶか》しんでいる近隣住民と万が一トラブルでも起こそうものなら、立ち退き運動でも起こされかねない。つけ込まれるスキを与えてはならない。そんな理由なのだろう。

この日も、金日成《キムイルソン》・金正日《キムジョンイル》父子の肖像画が掲げられた建物はきっちりとガード。一般の来場者の目には触れないよう、厳重にカギが掛けられていた。

もっとも「わが人民の偉大なる首領金日成大元帥様万歳！」などと、一体いくつ賛辞・尊称がついているのか分からないような朝鮮語で校舎に掲げられたプラカードは、いつものままだったが……。

ソフト路線は表向き

学園祭で、はしゃぎ回る在校生たちはいかにも楽しげだった。学部ごとのカラーのシャツを身につけ、手拍子で雰囲気を盛り上げている。そんな若者の姿は、日本の大学の学園祭のどこにでもある光景と変わらない。

少なくとも文科省や韓国大使館前に抗議デモで押しかける「コワモテの朝大生」のイメージはない。きっと来場者は思っただろう。「みんな今どきの若者たちじゃないか」。

実際、20代後半の朝大OBによると、軍隊並みの厳しさを誇った昔と比べると、学生気質も様変わりしているという。

「かつては禁止されていた男女交際なんか随分緩くなりました。夜になると、寄宿舎から出てきたカップルが、あちこちでデートをしている。見回りに見つかっても〝早く（寄宿舎に）戻りなさい〟と諭されるぐらい。寄宿舎内での飲酒は見つかると、〝総括〟の対象となって自己批判させられますけど、実際はみんな飲んでいますよ。アルバイトや外出の許可も取りやすくなった。昔はひそかに〝塀を乗り越えた〟って聞きましたけどね。教師が手を上げるなんてとんでもない。モンスターペアレントが怖いですから」

なるほど、〝イマドキ〟だ。

「配置（就職）についても変わったと思います。朝大に残したいとか、組織のイルクン（専任活動家）にさせたいと、目を付けた者以外は緩い（強制しない）。配置したくても配置先がありませんしね（苦笑）。だから、就活は一般のネットサイトに登録して探していますし、集会の連絡は、フェイスブックやツイッターを使う。軽音楽のクラブ活動だってありますしね。日本の大学生と少しも変わりませんよ」

確かに、最近の朝大パンフレットのトーンなどを見ても、総連・朝大側はむしろ「（朝大生といっても）日本の大学生と少しも変わりませんよ」「彼らもフツーの若者たちなんですよ」と、しきりにアピールしたがっているように見える。

実際、多くの朝大生は〝フツー〟の若者である。パンフレットにはこんなコラムもあった。「コンブパン（勉強部屋）パーティー」の紹介記事である。

《略して「コン・パ」　毎日夜遅くまで自習に励んでいても、たまには息抜き。寮の勉強部屋がたちまちパーティールームに早替わり♡　食材を買い込んでの手料理や手作り朝大ケーキをシェアして、食べて、しゃべって、笑って、また食べて。「コン・パ」は朝大生たちとっておきの時間……》（朝大「LINKS！」より）

朝大当局も必死なのだろう。

若者たちの流行や目線におもねってでも、何とか〝朝大離れ〟を食い止めたい。そのためには、少々ポップなパンフレットや出版物の発行もいとわない。朝鮮学校生を好意的に取り上げた映画製作にも協力する。

だが、組織側の「ソフト路線」への転向は〝表向き〟という、但し書きがつく。

その「証拠」は後で書きたい。

エリートコースは「今は昔」

もうひとつ、注目すべき変化がある。

朝大の人気の学部・学科が以前とは180度変わったことだ。

かつて、朝大にはエリート中のエリートと言うべき2つの学部・コースが存在した。政経学部と男子在校生だけが入学を許される教育学部の特別コースの2つである。

総連組織の幹部は、朝大を出ていることに加えて、政経学部出身者が多い。理由はたったひとつ。北朝鮮の初代最高権力者、金日成（首相、後に国家主席）のマルスム（お言葉）によって、総連組織の中核となる人材を養成する学部として位置づけられたからだ。

政経学部以外の学部は、朝鮮学校の教員養成が目的だったが、その中でも、教育学部に特別コースがあった。将来、初級学校（小学校）の校長になれるような、思想性が高く、組織に身を尽くす人材を育成するために、2代目権力者、金正日（総書記）

のマルスムによって創設されたコースだ。

このコースは学費免除で、男子しかいない。女子は教員になっても結婚・出産で辞めてしまうことが多く、校長の要員としては不適と判断されたからである。

エリートである2つの学部（コース）の学生は、朝大の中でも扱いが違う。決定的なのは、卒業前に北朝鮮で行う祖国講習（研修）だ。一般学生の場合、期間はせいぜい数週間で、中身は観光旅行に近い。ホテルに宿泊し、思想教育の特別講義は数日間だけ。ところが、2つの学部（コース）は期間が2カ月から6カ月に及ぶ。特別な施設に泊まり込み、金一族を絶対化・神格化する思想や朝鮮労働党の方針などを、みっちりと叩き込まれるのだ。

だが、こうしたエリートコースは「今は昔」の話となった。

現在はむしろ、総連組織に進路が直結している学部・学科ほど人気がない。

「（総連支持者の）親や兄弟のしがらみで朝大へ行くのは仕方がない。だけど政経だけはイヤだった」とはっきり口にする人もいる。今や卒業後、組織に配置（就職）されても一番早く辞めてしまうのも、またエリートの政経出身者なのだ、という。

魅力ない就職先で若者離れ

これに代わって今、人気があるのは政治経済学部でも法律学科だ（1999年新設）。ここを出て日本の大学の法科大学院などへ進み、弁護士や司法書士を目指す。あるいは経営学部（82年創設）を出て、公認会計士やファイナンシャルプランナーなどの資格を取る。総連系の商工人（企業経営者）のようなコミュニティーに頼るのではなく、自前で稼ぐのが今どきの人気コースである。

朝大が、新入生向けに出しているリクルート用パンフレットによれば、18年目を迎える（2015年現在）法律学科卒業生からは、弁護士15人（うち司法修習生1人）、※19年資料では計23人▽司法書士8人▽行政書士13人▽社会保険労務士1人▽公認会計士1人を輩出し、《変化する環境と在日同胞たちのニーズに応じて、より多くの実績を上げ、学生たちの豊かな可能性を最大限に伸ばしていきます》（朝大「LINKS!」より）

対する経営学部のPR文はこうだ。

《卒業後は、日本全国の朝鮮商工会、信用組合、同胞企業……また、公認会計士、税理士、中小企業診断士、司法書士、行政書士、社会保険労務士、ファイナンシャルプランナーのような経営専門の有資格者たちや研究者、さらには経済誌記者やプロス

ポーツ選手まで、幅広い人材を輩出しています》(同)

繰り返しになるが、今や総連組織に委託してもロクな配置先がない。希望の就職先に行けず、たとえ行けても、まともに給料も支払われないのであれば、現代っ子ががまんし続けるのは難しいだろう。「3年後の定着率がわずか5%」という先輩たちの惨状を目の当たりにすれば、最初から総連の組織外に仕事を見つけたい、朝大には行かない、と若者たちが考えるのは自然ではないか。今や一般企業も在日コリアンに門戸を開放するようになったのは書いた通りである。

だから、苦肉の策の「ソフト路線」への転向も、若者たちを惹きつける絶対的な魅力にはなり得ない。〝対症療法〟がせいぜいだろう。こうした進路に進みたいのであれば、朝大に行かずとも、日本の大学でも取れる資格であり、学べる勉強なのだから。

スポーツ分野で〝夢よもう一度〟

もうひとつ、最近の朝大が前面に押し出して盛んにアピールしているのが「スポーツ」である。

サッカーやラグビーなど、朝大にはそれなりの強豪クラブがあり、その魅力によって入学者を誘引する作戦だ。

16年7月には、朝大のスカウトが全国各地の朝鮮高級学校のサッカー、ラグビー両部の合宿地にまで直接赴き、〝青田買い〟よろしく、有望部員に朝大進学を勧めて歩いた。

実際に、朝大ＯＢからはボクシングの世界チャンピオンや、サッカーの北朝鮮代表やＪリーグで活躍するスター選手も出ている。

新入生向けの朝大のパンフレットには《朝鮮大学校スポーツプロジェクト―チャレンジ２０２０―》の大見出しが踊っていた。

《朝大から世界へ、朝大からオリンピックへ》と題したＰＲ文によれば、▽東京オリンピック２０２０に（北）朝鮮代表として出場する代表選手を目指し４年計画で進めていく▽サッカー（関東２部）、ラグビー（同３部）、空手道（同１部）、ボクシング（同３部）の強化指定クラブを中心に朝大の全スポーツクラブが関東学連でより高いステージへの昇格を目指す▽東京オリンピック・パラリンピックでの朝鮮代表選手への応援、事前合宿などの「応援プログラム」の実施――などが盛り込まれている。

１９６４年の東京オリンピックのときも、来日した北朝鮮代表選手団（最終的に大会には不参加）が、朝大で合宿やトレーニングをした。その勇姿に魅了されたと今もいうＯＢがいる。〝夢よもう一度〟というわけだろうか。

ただ、残念ながらこうした対策を講じても朝大には有名スポーツ選手を惹きつける魅力には乏しいと言わざるを得ない。

最近も関西の朝高出身で超高校級のボクシング選手が朝大へは進まず、推薦で日本の有名私大へ入学し、関係者をがっかりさせた。

この選手が総連コミュニティーから離れたかったわけではない。その種目で北朝鮮の国家代表を目指していた選手は、競技レベルが低い朝大にいては「その可能性」が低くなることをよく知っていたのである。

目をむく「お手紙」の内容

こうした朝大ＯＢらの思いとは別に、総連・朝大サイドも、在校生の減少にはもちろん危機感を強めている。「存立」の危機を掲げて、10年の長期計画を策定し、朝大の在校生を増やすのに懸命だったことは書いた。

表向きの「ソフト路線」の〝裏〟では相変わらず金一族を崇拝させ、朝鮮労働党の政策に従う思想面をさらに強化している。傘下組織を締めつけることも忘れてはいない。

「総連指導部は朝大に朝高の生徒を送らねば組織がもたなくなる、という強迫観念から逃れられない」（元総連幹部）という。朝大の崩壊が、組織崩壊の引き金になりかねないという思いが強いのだ。

かといって、朝大OBらが訴えるように、思想教育と学問を切り離すことなんてできるはずもない。北朝鮮の威を借りて権力維持や保身を図り、時には都合良く利用してきた彼らにとって、それは「自分の身が危うくなる」（同）ことに直結する。

本当に〝フツーの大学〟になっては困るのだ。

2016年は、「朝大創立60周年」の記念の年であった。何としても〝還暦〟のアニバーサリーを盛り上げねばならない。記念行事、シンポジウム、募金が相次いで企画された。

同年5月28日、29日の両日には、朝大で創立60周年記念祝典が開かれ、来賓のアントニオ猪木参院議員（当時）ら数千人が参加した。朝大OBの歌手、俳優によるイベントが行われ、黄、緑などカラフルなTシャツに身を包んだ8学部の在校生が懸命に盛り上げていく。

産経新聞は、この記念祝典で、朝大教職員・学生一同名で読み上げられた「敬愛する金正恩《キムジョンウン》元帥様へのお手紙」の内容を入手した。

これが総連・朝大がまったく変わっていない「証拠」のひとつである。

まずは、初代・金日成と2代目・金正日を称えた上で、《偉大な大元帥様の再来を思わせる敬愛する金正恩大元帥様は、敵と先鋭な核対決をくり広げる……》と3代目権力者を持ち上げる。

そして《資本主義の狂風が襲いかかってきても平然たる態度でいられる「白頭」(※朝鮮民族の聖地とされる白頭山のこと。転じて唯一無二と位置づけている金一族の血筋を指す)の度胸と胆力を育ててくださった》

《大学内に主体の思想体制、領導体制および米日の帝国主義を壊滅できる力をより一層、徹底的に整えていきます》と米日という「敵」と戦う決意を表明している。

米国と日本が「敵」であり、「壊滅」の対象なのだ。

まさに目をむく内容ではないか。「ソフト路線」など、やはり表向きである。

在日コリアンのニーズから乖離

「朝大創立60周年の今年(16年)は民族教育跳躍の年だ」

「(17年4月の入学者は)何としても200人の目標を達成せよ」

こうした指示は16年2月に総連中央本部で開かれた教育合同会議において、すでに下されていた。

だが、17年春の進学希望者約500人を対象にした16年夏の全国朝高アンケート結果は、総連・朝大関係者に大きなショックを与えた。朝大進学希望者は、全卒業予定者のたった「2割」しかいなかったのである。

合計しても約100人、総連が掲げた目標の200人の半数にしかならない。

「これでも無理やり作った数字ではないか？　朝高生のホンネはもっと少ないだろう」（総連関係者）の声もあったほど。

アンケート結果に危機感を強めた総連指導部は「（16年）9月中には（朝大入学予定者）150人をまず確保せよ」と〝百日集中戦〟の指示を出した。

親兄弟、親類縁者にプレッシャーをかけて、子弟を強引に朝大へ送らせるやり方も相変わらず横行している。

16年、総連関係者に衝撃を与えた出来事が発覚した。関西の朝高の球技スポーツを、全国トップレベルに押し上げた監督（教員）が人知れず学校を辞めた。

実際は「辞めさせられた」という方が正しいだろう。

総連関係者が打ち明ける。「監督の息子は朝大に進まず、東京の有名私大に行った。

その見せしめでクビになったんだよ。こんなケースはいくらでもある。憤った監督は総連から離れ、韓国籍に変えたんだ」。

こんな脅し、すかしで無理強いしてかき集めた人材が定着するはずがない。

総連中央で長く教育畑にいた元幹部は、自嘲気味に内情を明かした。

かつて、最低でも年間約2億円が必要とされた朝鮮学校の経営は、自治体からの補助金▽祖国（北朝鮮）からの教育援助費▽生徒が支払う学費▽商工人（総連系の企業経営者）らの寄付で成り立っていた。

「だが、寄付金や生徒（学費）が集まらず、補助金がどんどん切られている現在、どうやっているか知ってるか？　朝大を出て朝鮮学校の教員になる人たちに給料を払わない。すると2、3年で辞めていくだろう。また新たな教員を補充する。もちろん新任者にも払う給料なんてない……」

これでは〝自転車操業〟ではないか。

こうした苦境を顕著に表わすように、朝大へ進む「母数」となる各級の朝鮮学校生も激減している。

北朝鮮への帰国事業（１９５９年～）の盛り上がりなどを受けて、昭和30年代には、在校生が4万人を突破、昭和50年代には日本の小・中・高・大に該当する初・中・高・大の課程別で161校あった全国の朝鮮学校は、2016年1月の時点で在校生六千数百人、97校にまで減った。

生徒数が減り、単独では授業の維持が難しくなり、やむなく順番にキャンプのような「合宿合同授業」を行っている地域もある。

「都会の初級学校（小学校）でも、新入生が数人しかいないところがある。離島か山奥の分校じゃあるまいし……。それでも学校の統廃合をしないのはメンツもあるが、既得権益（人事ポストや不動産など）を離したくないからだ」と総連関係者は打ち明ける。

朝鮮学校のネットワークは、総連組織を支えるパワーの源だった。そこにヒトもカネも集まったからである。アイデンティティーの置き場所に悩み、差別や貧困に苦しむ多くの在日コリアンにとって、朝鮮学校は唯一の自分の居場所であり、拠り所であった。ヒョン（兄貴）、トンセン（弟）と卒業後も呼び合う先輩・後輩の絆は強く、「母校のためなら」と支援も惜しまなかった。

だが、時代も世代も社会情勢も変わった。朝鮮学校の教育だけが変わらず、在日コリアンのニーズから乖離していったのである。思想教育だけではない。「在日語」と揶揄《やゆ》される朝鮮学校の朝鮮語は、韓国人には通じない。国際化に対応する人材育成や受験のために、英語教育などに力を入れている韓国系の学校に比べても、魅力が乏しいのは歴然としている。

地域によっては、朝鮮学校の方針に保護者が反発し、排斥運動が起きたケースや、商工人らが中心になって、思想教育と民族教育を切り離す運動を進めているグループもあるが、総連が朝鮮学校を手放す意思がない以上、実効性には乏しい。

朝大・朝鮮学校の在校生や保護者の意識やニーズが急速に変わっているのに、組織側だけが〝十年一日〟のごとく変わらない。

総連関係者は自嘲気味にこう言う。

「産経新聞が（批判的な記事を）書かなくたって、朝鮮学校はいずれ潰れていきますよ。統計をみてごらんなさい。（在日コリアンの）日本への帰化や日本人との結婚がどんどん増えている。朝鮮学校へ送る〝母数〟自体が減り、やがて消えていくのみなんです」

第三章 ▼ 独善に嫌気、「エリート」の蹉跌

総退陣してもらうしか

「今どき、誰がすき好んで総連の活動家《イルクン》になりたがる？　先輩たちのあんなミジメな姿を見せつけられて……。いったい誰が朝大へ行きたがるというのか？」

いかつい顔を、無理にねじ曲げるようにして、男は冷笑を浮かべた。

あまたの総連幹部を輩出してきた朝大政経学部の出身。

昼下がりの繁華街の飲食店で、男と向き合ってもう3時間になる。タフ、コワモテ、エネルギッシュを絵に描いたような男だ。事業のトラブルでヤクザと渡り合ったときでさえ、一歩も引かなかったという。年齢は40代半ば、前夜から朝まで働き詰めだったというのに、疲れたそぶりも見せない。

「（朝鮮学校で）鍛えられたからね」

エリートだった。

関東の朝鮮高級学校（日本の高校に相当）時代は酒、たばこにケンカ、パチンコの不正で荒稼ぎ……、未成年なのに収入は、父親よりも遥かに多かった。いっぱしのワルを気取っていたけれど、勉強だけは抜群にできた。

朝大政経学部卒業後は、教員として朝大に呼ばれ、毎日2、3時間の睡眠時間、月給10万円の酷い労働条件で、365日、24時間の熱血指導にあたった。

男の言葉を借りれば、それは、「祖国愛」の思想を叩き込むことだったという。祖国とは日本ではなく、北朝鮮のことだ。独裁者一族を崇拝させ、総連組織の中核となる人材、次代を担う在日コリアンの子供たちに、それを教え込む朝鮮学校の教員を送り出すことこそが朝大の使命なのだ。

男の母校愛は人一倍強い。

だから、目を覆わんばかりの惨状は、悔しくて歯嚙みしたくなる。

「（朝大の在校生は）ガタ減り、今や勉強ができるヤツほど朝大には行かない。朝大生の質が落ちると、朝鮮学校の教員のレベルが落ち、朝高の生徒にバカにされる。ますます朝大には行く気がうせる。悪循環だ」

遠くを見やりながら、たばこの煙を吐き出す。

そして、組織を離れた今は、中でがむしゃらに仕事をしていたときには分からなかった〝闇〟の現実も見えてくる。

「もはや朝大が生き残る方法は、たったひとつしかない。総連と手を切ること、（北朝鮮に盲従する）思想教育と切り離すことだ。ただし、保身しか頭にない今の総連指導部にはとてもできないだろうから、総退陣してもらう。それしかない」

だが……。

（総退陣など、本当はできるはずがない。そんなことは十分に分かっている）

苦悶の表情がそう物語っていた。

それでも言わずにはいられない。

目に悔しさがにじむ。

いかつい顔が、またゆがんだ。

祖国講習での感動装置

男とのインタビューは計10時間以上に及んだ。

「（総連・朝大に批判的な論調の）産経新聞だから拒絶するのはおかしいでしょ。そういう人たちとこそ、じっくり話をしてみたいと思っていたんです」

男の原点は、やはり「朝高・朝大」時代にある。中でも、朝大卒業前に北朝鮮で行われた祖国講習（研修）は、鮮烈な経験だったという。その祖国講習について、熱く語り始めた。

「当時の政経学部は、今以上に〝特別な存在〟でした。祖国講習の期間は6カ月です。最初は思想教育の総仕上げを行うのですが、カリキュラムがうまくできていてね。最初は〝半年もがまんできないよ〟とぼやいていたワルも、最後は感動して泣く。〝帰りたくないよ、一生は住めないけど〟って（苦笑）」

「（荒唐無稽な）革命歴史などを本気で信じているのか、って？　俺らもバカじゃないから信じてはいません。当たり前ですよ。でも、そんなことも含めて〝俺らの祖国はここ（北朝鮮）しかない〟、そう思わせる〝感動装置〟が用意されていたんです」

ちょっと分かりにくい話だ。

男はいったい何に感動し、なぜそう思い込むようになったのか。滅茶苦茶な独裁者一族の神話をも〝ご破算〟にしてしまうほどの出来事とは何だったのか？

「北朝鮮の生活は厳しく、貧しい。日本とは全然違います。その国で、俺と同じ民族の人たちが、健気《けなげ》に頑張って生きている人たちを初めて見て知って……感動しませんか？〝ああ、こういう世界があるんだ〟と、ワルが浄化されるわけですよ」

「向こうの小学校で、教育実習をやったんです。子供たちが純粋でかわいくてね。〝ソンセンニム（先生）！〟って慕ってくれる。自分で編んだ編み物をプレゼントしてくれたり、手紙をもらったりしたこともあります。日本人には分からないかもしれません」

朝鮮学校だけが居場所だった

男は、ずっと在日コリアンとして、アイデンティティーの〝置き場〟に苦しんだという。日本で生まれ育ちながら、意識は日本人とは違う。あいまいで揺れていたものが、北朝鮮へ行って初めて、すっぽりハマった気持ちになったというのである。

たとえにザ・フォーク・クルセダーズの名曲『イムジン河』の誕生秘話とともに在日社会を描いた映画『パッチギ！』（２００５年公開、井筒和幸監督）の話を持ち出した。

「まさしく〝あの世界〟ですよね。差別、貧困に苦しみ、ワルになってケンカに明け暮れる。俺らには、どうしても被害者としての意識、差別された意識があり、〝負けるもんか〟という強い気持ちを支えに生きてきたのです。（思いを共有できる）朝鮮学校だけが〝居場所〟でしたね。だから仲間の絆はすっごく強い」

「朝大で過ごした4年間は、ある意味で〝あり得ない〟異常な時間なんです。今の朝大生は、みんな〝イイ子ちゃん〟になっちゃって、先生にも歯向かわないらしいけど、俺らはあの経験があったからこそ、今はどんな辛い生活にも耐えられるんですよ」

朝大教員になった男は、今度は朝大生にその強烈な思いを「祖国愛」として教え込む。

「お前たちは誰のおかげで毎日、勉強ができるのか。偉大なる首領様（金日成《キムイルソン》）は、まだ祖国（北朝鮮）が建設途上にある苦しいときに毎年、お金（支援金）を贈ってくださったではないか。そのころ南朝鮮（韓国）はお前たちに何をしてくれたというのか。見放して棄民したんだろう」

「（核開発や日本人拉致など）日本のマスコミの報道は信じるな。デタラメに迷わせられちゃいけない。お前たちは〝敵〟（アメリカ、韓国、日本）から〝祖国〟を守っていかなきゃいけないんだ。その覚悟があるか」

何とも強烈かつ、ゆがんだ内容ではないか。これでも、昔に比べればずっとソフトになったというから、朝大で叩き込む思想教育のすさまじさ、異常さがうかがえる。在日コリアンとしての思いを、社会主義に託すのは自由だ。だが、なぜそれが独裁者一族への忠誠心へとすり替わるのか。

〝首領様〟をあがめ奉り、韓国も敵、日本も敵……。総連・朝大が表向きに掲げる「朝日友好・親善」なんて、そのカケラもない。

これが「祖国愛」なのか？　それとも「タテマエだけでホンネでは誰も信じちゃいない」と言い張るのか？　とてもじゃないが、日本で生まれ、これからも日本で生きていくであろう在日3世、4世となった現在の朝大生の心に、こんな教育が響くとは思えない。

男は、内心では疑問を覚えながらも熱血指導を続けた。深夜まで学生の相談に乗り、自宅に帰るひまも、寝る時間もほとんど取れない毎日が続く。

「ヤンキーも金持ちのボンボンも、4年間できっちり育てて送り出さねばなりません。かといって（在校生に）手を上げたりはしませんよ。昔はそんなこともあったかもしれませんが、今は親が飛んできます。朝大にもモンスターペアレントはいますから

（苦笑）。でもテキ（在校生）もさるものでね。女の子の寮に指導に行こうとしたら、部屋に下着が干してある。さすがに入りにくい。そうやって抵抗しているわけですよ」

なつかしそうに男は目を細めた。

辛くても忙しくても、たとえ教育の中身に多少の矛盾があっても。それが「正しい道」だと信じていた、そのときは……。

将軍サマの偉大さを伝えるなんて

細身のイケメンは、今どきの若者らしい優男だ。30代前半の年齢よりも、ずっと若く見える。

東日本の朝高から朝大の人文系学部へ進んだ彼もまたエリートだ。

朝高時代は「熱誠者学習班《ヨルソンジャハクスッパン》」と呼ばれる、選び抜かれた者だけのインナーサークルにいた。

忠誠・愛国を叩き込まれ、放課後には彼らだけで空手の特訓を行う。将来は、組織に命を尽くす総連の活動家になることを期待される彼らだからこその特別な扱いである。

物静かな彼の口調が突然厳しくなった。

「あんなに憤慨したことはない。みんなが怒っていた」

いったい何があったのか？

「（朝大の）後輩は、卒業後に母校の朝高教員になることを願っていた。熱望していたと言ってもいい。それを知りながら、学校側が配置（就職）先として提示したのは、（総連系の）パチンコ屋でした。抗議しても〝教員の枠はない〟の一点張り。まじめな後輩は、それでも3年がまんしましたけどね……」

配置先は、組織に委ねるというのが朝大のオキテである。だが、今や総連コミュニティーの中にはロクな配置先がない。組織にカネもヒトも集まらないからだ。給料は無配・遅配が当たり前。3年後の残留率は、わずか5％でしかない。総連・朝大が、もっとも隠しておきたい〝闇〟の現実であろう。

朝大卒業後、総連傘下組織の専任活動家となったイケメンの彼の月給も10万円余り。それさえも、ときどき遅配になった。あとは、わずかな正月のモチ代が支給されるだけ。

「給料が安いのは、まだがまんできた。在日社会のために貢献したい気持ちがずっとあったから。でも、そのことと（独裁者一族を）崇拝することは違うでしょ。ましてや他人に対して〝将軍サマ〟の偉大さを伝えるなんて、僕にはできなかった」

それが組織を離れた理由だった。

エリート学生が抱いた疑問

そんな「彼」もかつては、祖国講習（研修）の〝感動装置〟に涙したひとりだった。

朝大は「〝思想教育〟がすべてといってもいい学校」（朝青朝大委員会元指導員）である。

彼の場合、思想教育の〝総仕上げ〟が、卒業前に北朝鮮へ行って行う祖国講習だ。期間は1カ月ぐらい。平壌の超エリート校、金日成総合大学の学生と交流したり、北朝鮮の政治思想である主体思想の講義を受けたりした。もちろん、絶対化・神格化のために創作された金一族の革命歴史史跡の観光も用意されている。

「彼」にとっての〝感動装置〟は、高校生ぐらいの少女だけで編成されている軍の部隊視察だった。

「僕たちよりも年少の、いたいけな女の子たちが、懸命に祖国（北朝鮮）を守っている。みんなもうウルウルですよ。僕は在日社会のために貢献したい、力を尽くしたいという強い気持ちを持っていた。女の子たちの姿を見て、僕も祖国（北朝鮮）のために頑張らなきゃって。もちろん、向こうの〝宣伝〟の全部が全部成功しているとは思いません。でも、純粋な女の子たちの姿を見せられたらたまりません。（在日の気持ちを）くすぐるポイントを知っている。うまくできています」

幼い頃から総連コミュニティーの中で育ち、「在日社会の権利擁護や生活改善のために尽くしたい、力になりたい」と強く願い、朝大に進んだ彼のモチベーションは、「いかつい顔の男」に共通する部分がある。

ずっと朝鮮学校のエリートコースを歩んできた彼が、最初に「疑問」を感じたのは、その熱誠者学習班での出来事だった。

朝鮮学校の児童・生徒は、初級学校（小学校）4年生から「在日本朝鮮少年団」に、高級学校（高校）1年生からは「在日本朝鮮青年同盟（朝青）」に自動的に、全員が加入しなければならない。

これは総連傘下の学内政治組織で、朝青の規約（※巻末資料編参照）には、北朝鮮の政策を「謹んで承り」、総連の綱領（※同）を「固守し、総連の諸般決定執行の先頭に立つ」と定められている。いわゆる〝組織生活〟だ。

また、「生徒手帳」（２００１年学年度※同）の生徒規則にはこうあった。

《生徒たちは、偉大な首領金日成大元帥様が開拓し、敬愛する金正日元帥様が継承完成していく、主体事業や総連愛国偉業の代を継いでいかねばならない、未来の主人公である》

説明が必要だろう。

つまり、朝鮮学校は一般の学校行政と、総連傘下の政治組織との「二重構造」によって、生徒をコントロールしている。政府より共産党が上位に位置する共産主義国家と同じ構造だ。これによって総連に支配され、北朝鮮の朝鮮労働党の政策に従うことになるのだ。

どう考えてもおかしいだろう。日本に生まれ、日本に育った在日コリアンがなぜ、北朝鮮の独裁者一族や朝鮮労働党の政策に従うことを強制されなければならないのか？

この一点だけみても、朝大をはじめとする朝鮮学校が〝異常な学校〟であることがよく分かる。

政経学部だけは避けたかった

朝高ではクラス＝朝青の班があり、「彼」のような優秀な学習班メンバーが、班長（クラス委員）・副班長に就く。そして、思想的、規律的、生活面で一般の生徒の〝模範〟となり、組織に忠実なリーダーとして忠誠・愛国を指導する役割を担うのである。だからこそ、学習班メンバーには、一般生徒とは違う特別なカリキュラムが義務づけられていた。週に1、2度は、通常のクラブ活動終了後に、総連と近いある流派の空手の特訓を行う。さらに毎月1回は、学校に泊まり込みで思想の学習会がある。講師を務めるのは学習班の指導員（教員）だった。

「彼」は、この空手の稽古が苦痛で仕方がなかったという。

「〝拳に何を込める？ 敵（アメリカや韓国）への憎悪だ〟なんて教えられる。意味が分からないでしょ（苦笑）。スポーツの爽快感なんてどこにもない。（学習班では）空手の稽古でさえ、肉体をいじめて、思想や忠誠心にすり替える装置なんです。同じグループで思想の学習会もやる。学習班は空手の実力がなくても段位をもらえるので、一般の生徒からはやっかみ半分で、〝お前らの空手は〝アカ空手〟だ〟と揶揄されていました」

やがて大学進学を決める時期が来る。

「彼」にはやりたい学問があり、日本の大学へ進むことも視野に入れていた。

すると……。

「〝進路指導合宿〟という奇妙な制度が朝高にはあったのです」

朝大生やOBが朝高へやってきて、朝大の〝素晴らしさ〟を泊まり込みでPRし、彼のような優秀な生徒をいち早く囲い込むのだ。

「巧妙でしたね。進路指導合宿ではまず、生徒同士で自己批判させる。〝やりたいことと、しなければならないことは違う〟〝在日社会は困っている、貢献しなければならない〟……。そんなことを、生徒たちが自発的に言うように討論を仕向けていくんです。最後は〝朝大へ行きます〟と宣言するしかない。今から思えば、怖いことでした」

当時は、まだ朝高から進学するには朝大が多かった時代である。彼が勧められたのは、多くの総連幹部を輩出している政経学部。優秀な人材を政経へ送るノルマが、各朝高に課されていることは知らなかった。

「結局、朝大へ行くことには納得しました。先生からも〝外の社会に出るのは（朝大で）在日社会のことをもっと勉強してからでも遅くはない〟といわれたんです」

でも、どうしても譲れない部分があった。

「政経だけはイヤだった。そこへ行けば将来、総連の専任活動家になるコースがほとんど決められてしまう。マッチョな世界というか、学問の理論よりも朝鮮人であることが優先されるような雰囲気はイヤでしたから」

結局、やりたかった学問を専攻する人文科学系の学部へ進む。優秀でマジメな彼は朝大でも「熱誠者学習班」のメンバーに選ばれ、一般在校生を指導する学内政治組織・朝青朝大委員会の役員も務めている。

エリートコースから外れたわけではない。

だが、胸の内での葛藤は次第に膨らんでいき、やがて弾けるときが来る……。

エリートの反乱

40代前半の「彼女」は関西の朝高から大学進学の際に〝反乱〟を起こす。朝大へは行かず、外国へ留学した。

にもかかわらず日本の大学へ戻ってきたとき、再び総連傘下組織の留学同（在日本朝鮮留学生同盟）に取り込まれてしまう。

留学同は、東京六大学など朝大以外の主要大学内に張り巡らされた組織で、現在の構成員は約400人。最近は、人員や活動にも退潮が目立つが、朝青とともに総連が行う抗議活動の主力メンバーとなったり、過去には南（韓国）派スパイ事件への関与も疑われた〝闇の部分〟が多い組織だ。

「〝ハングルを教える〟といって、何も知らない学生を誘い、思想的に洗脳する」

そんな活動がイヤになって留学同を離れたが、総連コミュニティーとの縁を完全に切るまでにはさらに骨が折れた。

「彼女」もまた、朝高時代は「熱誠者学習班」のメンバーだった。

朝高1年のとき、彼女は担任教師から呼ばれ、学習班に入ることを命じられる。ずっと成績優秀で出身成分にも問題はない。学校では副班長（クラス副委員長のこと、※班長は男子生徒が務める決まり）を務めていた。

「私は負けず嫌いで、テストの成績はずっと1番。3年間通して副班長でした。（学習班に）選ばれたのは、せいぜいクラスで1～3人だけ。学年全体でも20人はいなかった。そりゃあ〝私たちはエリート〟なんだ、って誇らしく思いますよ。一般の生徒とは違うという優越感も少しはあったかな」

泊まり込みの思想学習会では、眠い目をこすりながら聞く難しい講義よりも、アフター・タイムが楽しみだった。

「思春期の女の子だから、夜遅くまで友達と恋愛のことなんかをおしゃべりする方が楽しくてね。思想学習といっても、半分はまともに受けとってはいませんけど、かといってウソだという確証もない。今のようにネットで調べることもできませんからね。私たち（在日朝鮮人や北朝鮮）は〝弱者〟であり、大きな国（アメリカなど）に虐められている、とずっと教え込まれていましたから」

今の世代とは少し認識が違う。

当時、北朝鮮の核開発や社会主義にあるまじき独裁者一家の世襲問題などは、まだそれほど深刻には受け止められておらず、金正日《キムジョンイル》が日本人拉致を認めて謝罪する（2002年）のは、ずっと先のことである。

ただ、「おかしい」と感じたことがなかったわけではない。朝高の修学旅行で北朝鮮へ行ったときのことだ。

「〝いいところ〟しか見せないのはもちろんですが、行列ができている有名な冷麺の店や遊園地でも、私たちだけ並ばなくても入れました。朝鮮戦争で米軍にガソリンで焼き殺されたという人の無残な絵も見せられました。同時に、そこにいた3人が〝米帝国主義打倒〟なんてスローガンを叫ぶ設定になっていましてね。さすがにシラけました」

外国留学に猛烈な説得工作

それにしても、エリートの道を進んできた彼女は、なぜ朝大進学を拒んだのだろう。彼女によれば、朝大の思想教育や軍隊的な規律の厳しさがイヤだったこと。何よりも、もっと広い世界を覗いてみたい気持ちから、朝大ではなく外国留学か日本の大学へ行くことを心に決めていたというのである。

エリートの反乱は、周囲を慌てさせた。多くの日本の大学が、朝高卒業生に広く門戸を開くのは、2000年代になってからである。「進学するなら朝大」の時代。何よりも組織に歯向かうことなどあってはならない。

猛烈な説得工作が始まる。彼女を朝大へ送らなければ、学習班の指導員（教員）の責任も問われる。何度も呼び出され、厳しく説教された。

「〝他にやりたいことがあるんです〟と言っても話を聞いてくれない。〝組織のため、在日社会のために役立つことをしろ。個人的な夢を追うことよりも、全体のことを考えろ〟の一点張り。でも、私の意思が固いのを知って、最後は見捨てられましたね。学習班にも居づらくなって、空手の稽古や思想学習会にも行かなくなりました」

組織に従わない者は、親兄弟を脅しても従わせる。それでも聞かないのなら〝村八分〟にする、口を極めて徹底的に悪罵を投げつける。組織に逆らって、子供を日本の学校へ行かせようとすれば、親のポストを交渉材料にしたり、朝鮮学校の校長が、転出に必要な書類にハンコを押さないといった嫌がらせも平気でやる。それが、総連の常套手段だ。

だが、彼女は親の支持もあって自分の意思を貫き通し、念願の外国留学を果たす。担任もこっそり応援してくれた。

ずっと育ってきた総連コミュニティーから離れての外国での生活……。

それでも、繋がりを断ち切ることはできなかった。彼女の帰国を待ち構え、まるで蜘蛛の巣のようなネットワークが張り巡らされていたからである。

タテマエとホンネ

話を、あの「いかつい顔の男」に戻そう。

関東の朝高時代、男は「日本の大学へ行って医者になるつもりだった」という。当然、朝大には行かない。医学部がないからだ。

成績は常にトップクラス。

そろそろ進路を決めねばならないころ、地域の総連組織から誘われた。

〝組織委託〟をして、2、3年間、組織で仕事をしないか、というのである。第一章のヤン・ヨンヒ（女性映画監督）のところでも書いたが、これはエリートコースのひとつだ。

〝組織委託〟とは、総連組織に進路をすべて委ねるという意味で、学内では〝ヒーロー扱い〟になる。青年同盟（朝青）などで仕事をした後は〝組織給費生〟の身分で朝大へ進む。経済的にもメリットは大きい。

当時4年間で約200万円かかった学費も寮費もタダ。朝大では班長（クラス委員）や学内政治組織・朝青朝大委員会の役員になり、一般の在校生を指導する立場に置かれる。要は〝組織側〟として忠誠・愛国の思想を叩き込み、私生活を厳しく管理するのだ。

後は「組織ひとすじ」の道が用意されている。担任からも勧められた。

家庭がさほど裕福ではない男は、その条件に魅力を感じたが、親は猛反対。総連組織にがんじがらめにされ、抜け出せなくなることを心配したのだ。

結局、男は一般学生として政経学部へ進む。朝高では理系クラスだったから、これも異例だろう。組織が早くから男に目を付け、総連幹部などを輩出してきた政経学部へ送るよう、指示していたことは後から知った。

男が自分の中に〝葛藤〟を抱えるようになったのはいつごろだったのだろうか。

今、冷静に振り返ってみれば、朝大教員として、寝る間も惜しんで熱血指導にあたっていたころかもしれない。

「〝(金一族の)崇拝〟〝愛国〟なんて、日本人は不思議がるけど、俺たちには小学校(初級学校)時代から呪文のように教え込まれているから、それは〝空気みたい〟なものです。気にはなりません。朝大生だって、総括のときは〝忠誠〟を口にしても、内心は分かっていますよ。それを承知で朝大に来ているのだから」

大きく息をつき、フーッとたばこの煙を吐き出した。

「ただね、おかしいのは〝ここが日本だ〟ということです。なぜ、在日朝鮮人を海外公民と位置づけ、〝北朝鮮と同じ教育〟を行わなきゃいけないのか。在日朝鮮人は、ずっと日本で生きていかねばならないんですよ」

日本や日本人に対する教育も、在日コリアンの実情とは乖離している。

ダブルスタンダードであることを知りながら、教員も生徒もホンネとタテマエを使い分けねばならない。

「ホントは日本と敵対する気持ちなんてないし、むしろ日本や地域社会に貢献したい気持ちを強く持っています。それなのに、朝大の教育はあまりにも度が過ぎ、バランスを欠いていた。これじゃ、学生や父母の心が離れていくのもしようがないでしょ」

だが、組織にいる間は、そんな思いを幹部にぶつけたり、思想教育の改革に手をつけたりすることはできなかった。世話になった先輩や上司に歯向かうことにもなる。おかしいと感じつつ、「見ざる、言わざる、聞かざる」を通してきた。

朝大は小さな所帯だ。それなのに「隣の人が実際は何をやっているのか？　本人も言わないし、周囲も分からない」。

朝大の元教員が、犯罪行為に関わったとして摘発されたこともある。韓国でのスパイ活動を疑われたのだ。それでも内部では「警察のでっち上げ、捏造《ねつぞう》だ」としか言わない。

これも「見ざる、言わざる、聞かざる」だ。

変わるチャンスは何度もあった

結局、男は数年前に総連組織を離れた。

きっかけは個人的なトラブル。今はまったく違う仕事に就いている。

ただ、男の〝心の半分〟は、まだそちらに残しているようにも見えた。

「母校愛は強いですよ。当たり前ですけどね……。朝鮮学校は、日本社会にとっても必要な存在だと思うんです。特殊な文化であり、いっときはすごいパワーがあった。その特殊な存在を、日本が認めることで、国際社会から信頼されることに繋がるとは思いませんか?」

内部にずっといたからこそ、取り巻く状況が厳しいことも、問題点も分かっている。

総連・朝大が変わらない以上、「男の言い分」には説得力がない。

「(日本人拉致事件を認めたときなど)総連や朝大が変わるチャンスは何度もあったと思います。だけど、変わらなかった。北朝鮮に盲従している現在の総連指導部には無理でしょうね。変革しようと立ち上がると、その都度ねじ伏せられる。その繰り返しでした。その度に、商工人などは組織から離れていく……。朝大には残ってほしいと願うけど、そのためには、もう総連組織と切り離すしかない」

再び、いかつい顔を無理に歪めるような笑みをつくって、そう言い切った。

30代前半のイケメンの「彼」。朝大時代はそれなりに充実していたという。

「(在校生数は)だいぶ減って1000人ぐらいだったかな。2000年6月の南北首脳会談(※韓国大統領の金大中が訪朝し、北朝鮮・朝鮮労働党総書記の金正日と握手した）のシーンは、学校の講堂にみんな集まって見ていました。〝いよいよ統一だ〟って、すごい盛り上がりだったのを覚えています」

抗議デモにも動員されて行った。

「だいだいガタイのいいヤツが選ばれて、前に出るんですよ。（細い）僕なんか中の方でじっとしている（苦笑）。ちょうど、新潟で（朝大生による）女性への暴行事件があり、警察が強制捜査に入ったことがあった。そのときも学校にいたけど、僕は寮（寄宿舎）にいて騒ぎはよく知らなかったぐらい」

朝大では、学校行政のラインと、全在校生が参加を義務づけられている総連傘下の政治組織・朝青の朝大委員会の二重構造で、在校生をコントロールしていることには触れた。各学部は朝青の「支部」であり、各学年が「班」だ。それぞれのレベルで行われる「総括」は、私生活や思想面のチェックであり、忠誠心競争の場にもなるが、彼の時代には昔ほど厳しくはなかったという。

「もはや（学内政治組織の）朝青の力もそんなに強くなかった。会議ばっかりでね。全寮制の生活で、息苦しさを感じるときもあるけれど、慣れれば大したことでもない。寮では最初1年生と3年生が一緒の部屋になる。その絆は今でも強いですよ。まぁ、こんな生活、二度はできませんけど（苦笑）」

日本の大学院へ進んで、さらに専門の学問を研究したい気持ちがあったが、説得されて、総連傘下組織の専任活動家となる。紆余曲折を経験しながらも、総連コミュニティーのエリートコースからは外れなかった。

前述したように胸の中で膨らんでいった葛藤が弾けてしまったのは、朝大卒業後のことだ。

「在日社会のため」と北への忠誠心

素朴な疑問が浮かぶ。

なぜ彼は、朝高での熱誠者学習班の活動や進路指導に違和感を覚えながらも、朝大へと進み、専任活動家になったのだろうか。

荒唐無稽な金一族の革命歴史を本気で信じ、核・ミサイルで国際社会を恫喝し、反日・反米を続ける独裁政権に、心から忠誠を誓っていたのか、と……。

彼の説明はこうだ。

「(北朝鮮独裁者一族の革命歴史や朝鮮労働党の政策など) 今どき誰も信じちゃいませんよ。みんな学習会や会議のときだけ、黙って聞くフリをしていただけです。朝大でも中には一生懸命になっているヤツはいますよ。でもほとんどは、小さいころから聞かされて〝空気みたい〟なものだし、それぐらいの演技は誰だってできます。平壌でも、これは一緒じゃないですかね」

失礼な問いかけにも表情は変わらない。淡々とした口調で続けた。

「ただね、在日社会に育った者として、権利擁護や生活改善のために、何らかの力になりたい、貢献したいという気持ちは常にあった。朝大へ行ったのも、専任になったのも、その思いからです。仕事自体は楽しかったし、今もその気持ちは消えていませんよ」

「だけど、こうした思いと、（金一族への）崇拝は違うでしょ。総連幹部が〝組織のため、祖国のため、首領様のために〟なんて言うセリフも結局は、自分の意見を通すためにやっているのでしょ、ということがだんだん見えてきましたから」

冷静な彼の表情が、少しだけ強ばったように見えた。

その後、彼は〝緩やかに〟組織を離れた。急な行動は何かと反発を呼ぶ。そのへんはエリートらしいといえばエリートらしい。

今でもコミュニティーには知己が多い。朝大の後輩からの連絡もある。たとえそれが〝耳をふさぎたくなるような〟情報であっても、連絡があること自体、うれしいことに変わりはないという。

彼には総連・朝大の将来がどう見えているのだろうか。

「総連は原点に立ち戻るべきでしょう。(北朝鮮ではなく) 在日社会に軸を置いて、権利擁護や生活改善、民族教育と目に見える形で仕事をしてほしい。そうすればお金も出そう、応援をしようという人はいる。(総連指導部は) そんなことをすれば、北にシンパシーを持っているコアな支持層が離れてしまう、という懸念が消えないのかもしれない。だから〝負のスパイラル〟にはまってしまう。どんどん求心力がなくなっていくのです」

なぜ関係を断ち切れないのか

組織に逆らって朝大進学を拒んだ40代前半の「彼女」。外国留学から帰国し、日本の大学へ編入したとき、待ち構えていたのは、大学内の総連傘下組織である「留学同」だったことは書いた。

「(留学同に入るのが) 当然でしょ、みたいな感じでしたね。そこには知り合いもいたから、私も何となく……。〝朝鮮文化研究会〟の看板を掲げ、(北朝鮮の思想に) 初めて触れるような学生を洗脳していくのです。こうして後輩を誘うのがだんだんイヤになり、4回生のころには活動に参加しなくなりましたね」

彼女の親類は今も総連コミュニティーの中で過ごし、子供を朝鮮学校へ通わせている人が少なくない。

ここでも疑問が浮かぶ。

なぜ、関係をスッパリと断てないのか？

「一部で確信的、熱烈な支持者は今もいますよ。でも、それ以外のほとんどの人は〝習慣的〟か〝消去法〟の付き合いでしょうね。親兄弟、親類縁者がみな朝鮮学校に通ったから。アットホームだから。日本の学校へ行かせて虐められるのが怖いから……。ホンネでは（金一族を）賛美する歌なんて子供には歌わせたくないけど、〝止めてほしい〟と口に出せば居心地が悪くなる。総連はイヤだけど朝鮮学校のネットワーク、絆は大事にしたい。そんなところかな」

やはり日本人には分かりにくい。

母国（朝鮮半島）にも日本にも馴染めず、アイデンティティーの置き所に悩み、差別や貧困に苦しんできた在日コリアンの心の拠り所が、朝鮮学校のネットワークであった。同窓生、先輩・後輩の絆は卒業後も強く、〝心のよすが〟と言ってもよかった。

その関係は、切ろうとしてもなかなか切れない。彼女自身、大学卒業後に母校の朝高で非常勤講師を務めたこともある。

「総連と学校を切り離すなんて、しょせん無理ですよ。おカネの面でも一体化しているのですから」

彼女がいた留学同や朝青など、総連傘下組織の活動も、最近はカネ、ヒトが集まらず、すっかり沈滞化している。

「ボウリング大会や飲み会ばかり。そうでもしないと人が集まらないのです」

ヒトもカネも集まらなくなった総連コミュニティー。それでもなお、そこにすがろうとする人がいる。関係を断ち切れない人がいるのだ。

「生徒が減っている朝鮮学校側も今や、やむを得ず英検や簿記の資格を取らせたり、日本の学校へ進むことも無理やりは止めなくなった。もはや（総連組織の）核心になるのは100人中1人でいいというぐらいの考えじゃないかしら」

つまり、どっちも仕方なく、寄りかかっている。学校も保護者も〝闇〟の部分に目をつぶりながら、消え入りそうなロウソクの火を、何とか繋ごうとしているのだ。

だが、それも限界が近い。

第四章 ▼ ねじ曲げられた「民族教育」

文部省通達を無視した美濃部

朝大が、1968(昭和43)年、社会主義者を自認する当時の都知事、美濃部亮《りょう》吉《きち》の強い意思によって、各種学校として認可されたことはすでに書いた。

だが、東京都の各部局や政府は、確信犯ともいえる美濃部の思想的な行動や認可の背景に「左」の文化人・学者を巻き込んだ総連・朝大の一大キャンペーンがあったこと、さらには、その同じ時期に裏では、教育現場にはあるまじき暴力や粛清の嵐が吹き荒れていたことをどこまで知っているのだろうか。

時計の針を戻し、都による認可の経緯を詳しく振り返ってみたい。

68年4月の認可後、朝大は巨額の固定資産税が免除されるなど、多種多様な税制上の優遇措置を既得権益として享受し続けてきた。しかも「各種学校」である朝鮮学校は、学習指導要領に従う義務はなく、偏向教育を行うことも可能だ。

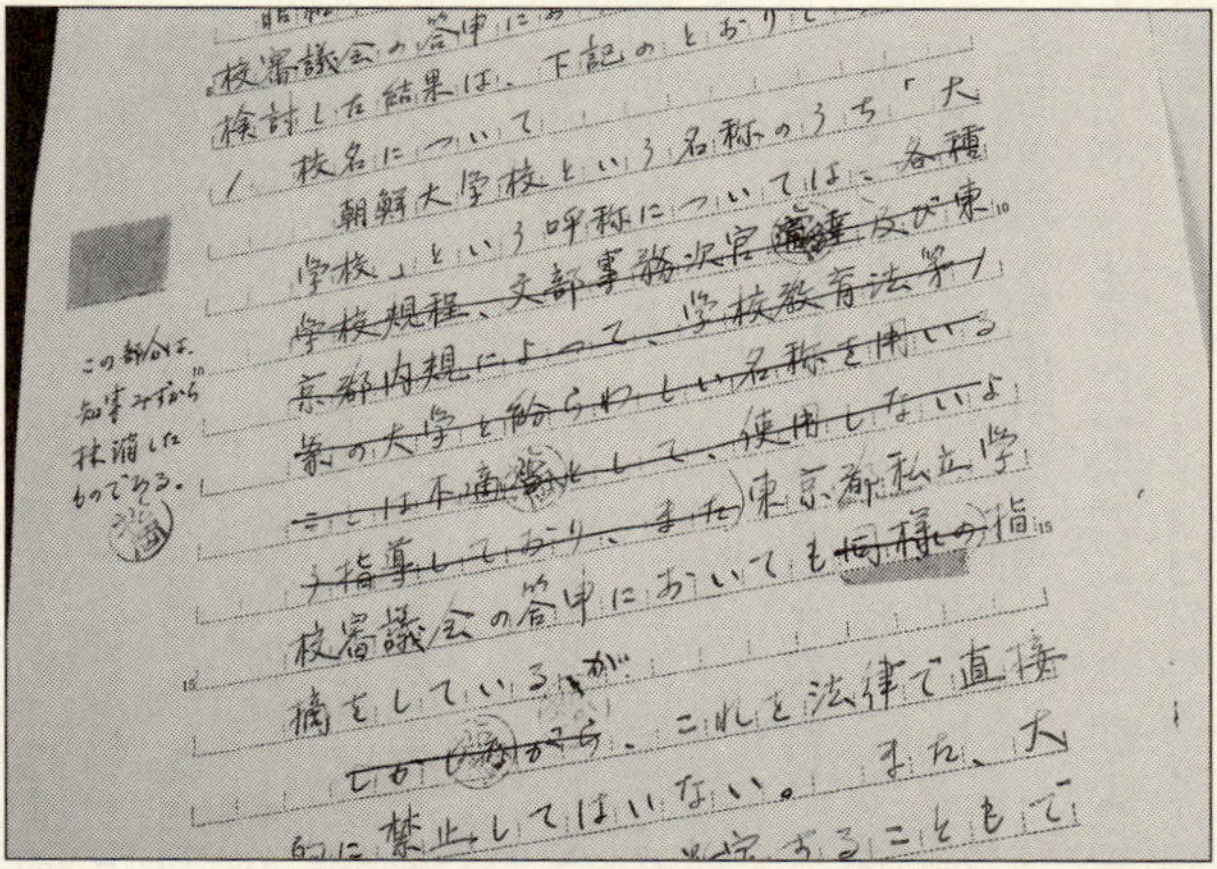

校審議会の答申にお…
検討した結果は、下記のとおり…
1 校名について
朝鮮大学校という名称のうち「大学校」という呼称については、各種学校規程、文部事務次官通達及び東京都内規によって、学校教育法第1条の大学と紛らわしい名称を用いることは不適当として、使用しないよう指導しており、また東京都私立学校審議会の答申においても同様の指摘をしているが、しかしながら、これを法律で直接的に禁止してはいない。また、大…

この部分は、知事みずから抹消したものである。

「知事みずから抹消したものである」という注意書きがある朝鮮大学校認可の決裁起案文書

拡大

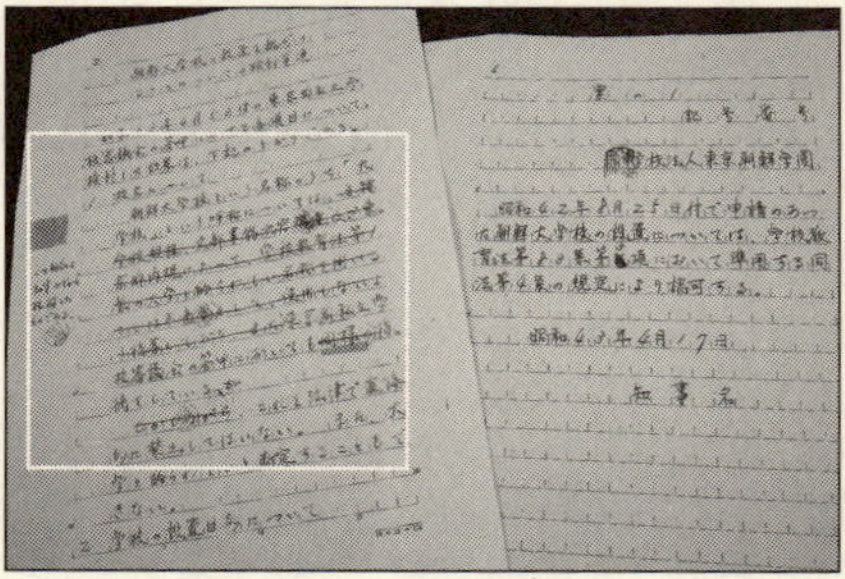

これに先立つ65年、朝鮮学校の偏向教育に危機感を持った文部省（当時）は、朝大など朝鮮学校について、「各種学校として認可すべきでない」との事務次官通達を各自治体に出している。美濃部は、あえて政府の通達に抗したのだ。

強引に認可に踏み切った〝証拠〟が公的文書に残っている。

産経新聞が都に情報公開請求をしたところ、美濃部が認可文書を起案する際、職員が明記した「文部省の通達部分」のくだりを、自らペンを走らせ、消していたことが分かったのである。

この職員は、「知事みずから抹消したものである」という注意書きまで添えていた。知事の行為を許せなかった職員による異例の抗議アピールであろう。

他の自治体にも影響を与えた認可

就任1年という異例のスピードで、美濃部が強引に認可に踏み切った理由は何か。

美濃部は71年の秋、都知事としては初めて訪朝し、北朝鮮の初代権力者、金日成《キムイルソン》（当時首相、後に国家主席）と2回も会談している。

そのときまでに間違いなく、朝大を「各種学校」として認可した実績を、〝手土産〟として持参したかったのであろう。

美濃部は会談の際、戦前の日本の過ちに対して「おわびにきた」と頭を下げる一方で、社会主義下の平壌の発展を引き合いに出して、「資本主義の負けは明らかである」と断言した。金日成の高笑いが聞こえてきそうな〝土下座外交〟ではないか。

朝大設立に向けた審議会で答申を受け取る美濃部知事㊧

当時の都議会の議事録を見ると、自民党議員が認可反対の立場から、「北朝鮮とは国交がないこと」「（各種学校なのに）大学校という名称は一条校と紛らわしい」などとする懸念を訴えている。

一方の総連サイドは、「民族教育は基本的人権だ」「学術研究の機会を奪うな」と主張し、日本の学者や進歩的文化人も巻き込んだ認可実現に向けた一大キャンペーンを展開する。これについては詳しく後述したい。

結局、美濃部の執念と、総連側のこうした工作が功を奏し、68年4月17日、朝大の認可は強引になされてしまう。

朝大の認可は他の自治体にも影響を与えた。総連関係者はこう振り返る。

「朝大の問題は、認可の2、3年前から本腰を入れ始めた。政府は認めないだろうから、自治体が所管する各種学校でいく、という方針だった。各県の朝鮮学校の中には、すでに認可をとっていたところも多いけれど、東京都が朝大を認可したことで、他の県も〝右へ習え〟式で、一気に認可が進んだことを覚えている」

朝大・朝鮮学校は、法的地位を得て、日本の社会に認知されたという「名」と、税制上の優遇措置の「実」の両方を一挙に手に入れたのである。

朝大があるから堂々と「敵」と闘える

だが、朝大の疑惑は「認可問題」だけではない。

朝大の用地取得の経緯についても疑問がつきまとう。産経新聞が都から入手した「朝鮮大学校設置認可申請書」（67年8月25日付、申請者・東京朝鮮学園）の中から、朝大が建つ小平市のキャンパス（約5万5千平方メートル）の土地を、「共立産業」というダミー会社まで作って、地主から譲り受けたものだったとする登記記録が見つかった。

認可前の59年に東京都北区から小平市に移転する際、その共立産業が「トランジスタラジオ工場を建設する」と言いはやして土地買収を進めていたのである。

総連関係者によれば、76年、朝大の代表団と平壌で面談した北朝鮮の初代権力者、金日成はこう言い放っていたという。「朝鮮総連が敵と堂々と戦えるのは、基地である朝鮮大学校を通じ、絶え間なく幹部を養成し続けているからだ」。「敵」とはアメリカであり、韓国であり、日本のことである。

美濃部の〝援護射撃〟で朝大の財政が安定し、そこから総連幹部や朝鮮学校の教員がどんどん送り出される。金日成が描く朝鮮半島の赤化統一を、側面から支える〝工作基地〟としての日本（総連コミュニティー）が、一層強化されたのだ。

朝大の認可見直しに消極的な

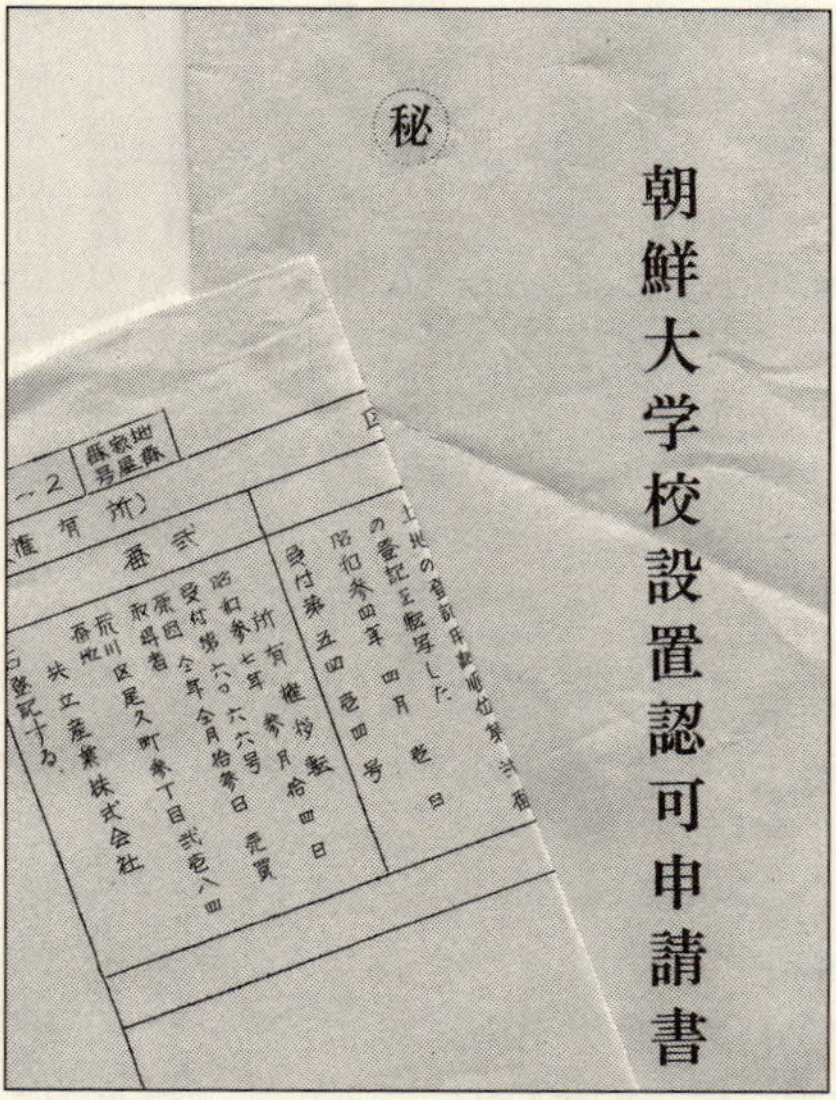

「朝鮮大学校設置認可申請書」の登記関係書類

官僚や議員に頼っていては、もはや日本の国益と安全は守れないだろう。

社会主義の勝利を声高に叫んだ美濃部が、恩恵を与えて育んだ朝大。担当部局が、この問題をタブー視し、手をこまねいている間に、金一族を崇拝する思想教育の醸成が、都の庇護下で延々と続くことになる。

朝大が主張した認可の必要性

《朝鮮大学校は祖国のあたたかい配慮のもとに、在日朝鮮人子弟にたいする民族教育の最高学府として1956年に創設され……かつて日本の植民地民族として母国語と民族文化をうばわれていた在日朝鮮人は、解放後、いくたの迫害と困難にもめげず、自分たちの子弟に母国語による民族教育をほどこすために、ひじょうな努力をかたむけてきました。とくに1955年、在日朝鮮人の意思と利益を代表する在日本朝鮮人総連合会が結成されたあと、自主的な初、中、高級学校の教育が急速に発展するにつれ、一貫した教育体系を確立し、各級学校の教員と民族幹部を養成するために、大学の設立が切実に要求されました。在日朝鮮公民の祖国への往来の自由がまだ実現されず、朝鮮高級学校卒業生の日本の各大学への進学がみとめられていない実情のもとで、大学の設立はなおさら必要なことでありました。本学の設立により、在日朝鮮人は一貫した民族教育の体系をととのえ、自分たちの力で子弟に大学教育をおこなうことができるようになりました》(67年発行『朝鮮大学校をみて』〈はじめに〉より)

同書は、美濃部による各種学校の認可(68年4月)が行われる前年、創立10周年を迎えた朝大が、認可の必要性をアピールするために出版したものだ。長い引用を行ったのは、朝大を創設した総連サイドの意図や思惑が透けて見えるからである。

まず目につくのは、在日コリアンのことを「朝鮮公民」、北朝鮮のことを「祖国」と、さも当たり前のように書いていることだ。彼らの多くは南(現韓国)の出身である。

総連関係者によれば、北朝鮮の初代権力者、金日成は、在日コリアンを南(韓国)で起こす朝鮮革命を、日本から「支援する勢力」としか見ていなかった。

北朝鮮の指示を受けて、総連は韓国で起こすさまざまな非合法、非公然の〝闇の工作〟活動に関与し、ヒト、カネ、技術を送り続けた。多くの日本人拉致事件も、北朝鮮のこうした方針に基づいて行われたのである。そして、朝鮮半島の赤化(共産化)統一が成った暁には、晴れて祖国(北朝鮮)へ帰っていくという考え方だ。

だからこそ、朝鮮学校で教育を受ける青少年は、金日成に忠誠を誓う「北朝鮮の公民」としての教育でなければならない。

本来なら、北朝鮮の大学で高等教育を受けるべきだが、日本との自由往来ができないので、やむなく朝鮮大学校をつくったというわけだ。本末転倒、牽強付会《けんきょうふかい》のいいがかりというほかない。

朝大創設の意義はすでに失われている

2つ目は、「朝鮮高級学校（日本の高校に相当）卒業生の日本の各大学への進学がみとめられていない実情」というくだりである。

確かにかつては、こうした状況にあり、朝鮮高級学校卒業生が大学進学を希望すれば、朝大に行くしかなかった。また、たとえ在日コリアンが日本の高校から日本の有名大学へ進んだとしても、さまざまな就職差別があり、一流企業などには採用されなかった事情もある。日本の銀行から相手にされなかった商工人は朝銀からの融資が頼りだった。

だからこそ総連は、朝鮮学校→朝大→総連コミュニティーへの就職という「自己完結型のシステム」をつくり、それを再生産していくことで組織を維持できた。『朝鮮大学校をみて』が出版された60年代は、「左」からの風が強力に吹き荒れていた時代で、総連も現在とは比較にならないパワーやカネ、人材を持っていた。

ところが、すでに触れた通り、2000年代以降、多くの日本の大学が朝高卒業生への門戸を開放している。多くの一流企業も、今や在日コリアンを理由に不採用にはしていない。

「在日朝鮮人子弟に、高等教育の場を与える」という朝大創設の意義は事実上、失われているのだ。実際、総連がひそかに朝高生を対象に行った進路希望調査では、全体の2割しか朝大希望がおらず、組織に衝撃を与えた。総連コミュニティー内で「自己完結」するシステムは、完全にソッポを向かれたのである。

そもそも、朝大を頂点とする朝鮮学校の教育内容は、総連幹部が自身の権力維持、保身のために都合良くねじ曲げたものだ。

総連と朝鮮学校の歴史を簡単に振り返ってみたい（※巻末資料編に関連年表）。現在まで続く朝鮮学校の〝ゆがみ〟と、東京都など自治体の関わりが分かるからである。

終戦時、日本にいた在日コリアンは約200万人。ただし、一部の人々が声高に叫ぶ「強制連行」などではない。

あったのは官斡旋、徴用などという戦時動員であり、当時、日本人にも同様の措置が講じられていた。しかも、多くの在日コリアンは、仕事と高い給与にひかれて自ら海を渡ってきた人たちなのである。

戦後、約140万人が故郷の朝鮮半島に帰った。ところが、仕事はなく、社会は混乱している……。その結果再び、密航船などに乗って日本に舞い戻る人が相次ぐ。日本に残った人に、Uターンしてきた人、新たに仕事を求めて密航してきた人が、複雑に重なり合って構成されたのが、戦後の「在日コリアン社会」である。

国語講習所が政治の道具に変質

終戦直後の1945年10月15日、東京・日比谷公会堂で「在日本朝鮮人連盟（朝連）」の結成大会が開かれた。

参加したのは各派の代表約400人。民族主義者、共産主義者ら、そこには雑多な人たちが加わったが、強い影響力を持っていたのは戦後、合法化された日本共産党である。

これは戦前、コミンテルン（国際共産党）の「1国1党」方針により、在日朝鮮人の共産主義者が、共産党に加わることになった経緯があったためだ。

総連は、いかにも、この朝連の系譜を継ぐ組織であるかのように主張をしているが、事実ではない。49年に朝連が強制解散命令を受けた後、55年に発足した総連は、それまでの日本共産党から北朝鮮へと、〝担ぐ親分〟を乗り換えた組織だからである。

北朝鮮の初代権力者、金日成《キムイルソン》の信任を得て総連の初代議長に就いた韓徳銖《ハンドクス》ら指導部は、在日コリアンの権利擁護、生活改善など本来の役割を忘れ、総連は次第に北朝鮮の代弁者となり、朝鮮学校の教育は、そのための「政治の道具」にと変質させられていく。

そもそも朝鮮学校は帰国願望が強かった在日1世が、母国語ができない日本育ちの子供らのために、朝鮮語を学ばせようと、朝連時代につくられた「国語講習所」がルーツである。

終戦後、焦土となった日本は貧しかったが、在日コリアンはもっと貧しかった。〝戦勝国民〟を名乗り、無法行為を繰り返し、幅をきかせていた勢力もあったが、ほとんどの在日コリアンは、貧困と差別にあえいでいた。

日本人が住まないような河川敷や低湿地を不法占拠して、バラックを建て、豚を飼い、くず鉄拾いや密造酒、モツ焼きを売って、かろうじて生計を立てていたのである。

彼らは祖国の朝鮮半島へ戻ることで、苦境から脱することを夢に描く。だからこそ子供たちに母国語を学ばせる学校が必要だった。国語講習所に通う子供の数は、46年には4万人を数えたという。

ところが、密航船に高いカネを支払ってまで、朝鮮半島に帰った人たちを待っていたのは、終戦後の日本を上回る貧困と差別だった。再び日本へ舞い戻ってきた人たちが多かったのは、すでに書いた通りである。

彼らは次第に、「社会主義」にこそ貧困と差別を抜け出すユートピアがあると思い込む。

資本主義に対する社会主義の優位が、無邪気にも信じられていた時代である。北朝鮮を支持する総連に、「希望」を見い出した在日コリアン社会のヒトとカネが、組織に吸い寄せられるようにして集まっていく。

自前の一貫教育システムが完成

朝大創設は、総連結成翌年のことだ。

56年4月10日、東京都北区十条の東京朝鮮中高級学校内の敷地に、2年制の学校として創立されている。

教員は10人余り、在校生は60人余りでのスタートだったが、朝鮮学校はこれによって、小・中・高・大という初等教育から高等教育まで、自前の一貫教育システムを完成させた。

そして朝鮮学校の教員を朝大で養成し、各級学校へ送り出し、組織に従順な青少年を再生産させていくことを可能にしたのである。

総連が刊行する公的資料などに、当時の校舎の写真が掲載されている。

バラック並みの木造平屋建て、今にも崩れそうな校舎は、旧日本陸軍の兵器庫だったという。入り口には「朝鮮大学」と書かれた木の看板が掲げられた。

そして、現在の小平市のキャンパス（約2万坪）に移ったのが3年後の59年。当初、総連・朝大側がその事実を隠し、「共立産業」というダミー会社まで作って、トランジスタラジオ工場建設を装っていたことも、すでに書いた通りである。周辺住民は「新たな雇用の場ができる」と歓迎したが、ふたを開けてみたら、得体が知れない朝鮮大学校が移ってきたというわけだ。

今度は見違えるような鉄筋コンクリート4階建ての本館、図書館、講堂、全寮制に対応する寄宿舎……次々に新しい建物がつくられていく。講堂や図書館のように教職員・在校生が自らセメントを練り、柱を立てて釘を打ち、完成したものも少なくない。昼は労働、夜は勉強である。学校の警備も在校生が夜通し、当番の交替であたった。翌60年度の在校生数は500余人に達している。

北への帰国事業と朝大の関係

朝大移転と同じ59年の12月に、北朝鮮への帰国事業（84年まで）がスタートしたことに注目したい。

貧困や差別から抜け出す希望を、「社会主義＝北朝鮮＝総連」に見ていた在日コリアンの思いが、〝爆発的ブーム〟になって現れたのが帰国事業だったからである。「地上の楽園」「衣食住は全部タダ、大学にも行ける」。そうした総連の宣伝文句に踊らされ、約9万3000人の在日コリアンと日本人配偶者・子が、日本海を渡る。

異国での生活を不安がる日本人妻に対しては、「3年で里帰りができるし、（北朝鮮による）統一も近い。そうなったら、自由往来もできるじゃないか」。そう誘いかけたのだった。

これを信じ込んだ在日コリアンたちのマンパワーは、一気に総連へと向かう。各地の朝鮮学校の教室は、彼らの子供たちであふれた。

70代の朝大OBはこのころ、まだ朝高生だったが、突然、東京の教員養成所へ入ることを命じられる。

「（帰国事業で）多数が北へ帰ったために、朝鮮学校の教員が足りなくなり、〝即席の教員〟をつくる必要に迫られたからだ。まだ20歳前だった私は、教員養成所を出て初級学校（小学校）で3年間教えた。そのころになると、日本の小学校に通っていた在日の子供もどんどんこっちへ移ってくる。あまりにも児童数が多いので、（朝鮮学校の）1クラスは70人、授業は2部制だった」

当時の帰国事業のものすごい熱気が伝わってくるエピソードである。

朝大を出て教員になった若者は、朝鮮学校の後輩たる生徒たちに、金日成の偉大性を説き、愛国と忠誠を訴え、祖国（北朝鮮）の社会主義国家建設に寄与し、「敵」と戦う戦士となるよう教え、送り出した。

帰国事業は北朝鮮と総連が主導した「国家的詐欺」であったが、日本政府の〝厄介払い〟の思惑や当時のメディアの後押しもあった。しかし結果的に一石二鳥、三鳥の利益を手に入れたのは北朝鮮と総連だ。「向こうへ行けば全部タダだから」と、帰国船に乗る前にすべての財産を総連に寄付させただけではない。彼らは〝人質〟となり、残った家族の言動は縛られてしまう。さらに祖国訪問をする際や、帰国者に便宜を図るなどという名目で、さらに大金をむしりとったのである。

また、帰国船によって往来が可能になり、北朝鮮による総連支配・干渉がいっそう強まった点も見逃せない。帰国船に乗り込んできた朝鮮労働党担当部局の幹部が、総連幹部らを呼び込んで直接指示を与え、人事もカネも情報も北朝鮮の思うがままに操られていく。総連幹部といえども本国に刃向えば、たちまちクビを飛ばされてしまう。

もちろん、最大の貧乏くじは当の帰国者であろう。宣伝文句とは正反対の食べる物、着る物もロクに与えられない地獄のような暮らし。資本主義の日本から来たというだけで最下層に分類され、仕事、結婚、住居にいたるまで徹底的に差別された。常に監視・密告におびえ、スパイ容疑などをデッチ上げられて、生涯生きては出られない政治犯収容所に送られた帰国者は数知れない。

日本へ里帰りすることはもちろん、日本語を話すことさえ禁じられ、病気になっても医者も薬もない。精神を病み、肉体を病み、懐かしい日本を思いながら、どれほどの帰国者が寂しく死んでいったのか……。それが貧困、差別といった苦しみから逃れる手段として、社会主義（北朝鮮）に希望と夢をかけた人たちの末路であった。

権力闘争が総連、朝大にも

帰国者が塗炭の苦しみにあえいでいるときに、北朝鮮の独裁者の威を借りて一部の総連幹部だけが特権を享受し、在日コリアンのカネを求められるがまま、さまざまな形でせっせと北へ贈っていた。

この章の冒頭に書いた、朝大の認可を得るための「朝鮮公民」を育てる教育、在日コリアン子弟に「高等教育の機会を与える」という総連・朝大のうたい文句が、いかに都合のよいものであったか、分かるであろう。

朝大創立10周年に合わせて、『朝鮮大学校をみて』が出版された67年は、すでに帰国事業のメッキがはがれ、参加者が激減していたころである。特に、65年の日韓基本条約で、在日コリアンにそれまでの在留資格より有利な「協定永住」の法的地位が認められたのを潮に、日本への定住志向は強まっていく。

父祖の地への帰還願望が強かった在日1世の世代ならまだしも、日本生まれの2世に必要だったのは、北朝鮮の「海外公民」として朝鮮労働党の政策だけを支持し、日本やアメリカ、韓国を「敵視」する教育ではない。

ところが、朝大ではこのころ、さらに教育を〝ねじ曲げる〟事態が進んでいた。

第一章でも触れたが、1960年代半ばから1970年前半にかけて、北朝鮮では初代権力者、金日成の後継者として長男の金正日《キムジョンイル》の存在が浮上。社会主義にあるまじき世襲を正当化するために、金日成絶対化・神格化が活発になる。

それまでのマルクス・レーニン主義は、金日成の思想のみを崇拝するものに替えられ、〝首領様〟の巨大な銅像が立てられる。荒唐無稽な革命歴史が創作され、それを信じ、学ぶことが忠誠・愛国だとされた。

そして、この動きは権力闘争に利用される。独裁者を脅かす政敵は、ことごとく粛清され、金一族のみが残った。

この構図は、そっくりそのまま総連・朝大へ移されていく。激しい権力闘争、荒唐無稽な思想や革命歴史に結び付けた学問……。

総連が朝大の認可を求めて「基本的人権」や「学びの機会」を訴えている裏で、およそ教育の場にはふさわしくない暴力や陰謀、監視や密告の横行。学問にはほど遠い非科学的、非合理的な〝ホラ話の講義〟を、在校生は聞かされていたのである。

このことについては、次章で詳しく書きたい。

認可容認が日本人の〝正義〟

醜悪な〝裏の顔〟を隠したまま総連・朝大側は「各種学校」としての認可を東京都に求め、先に触れた一大キャンペーンを開始する。それは当時、強かった「左」のパワーと、在日コリアンとしての〝被害者アピール〟を前面に押し出した巧妙な戦略だった。

『朝鮮大学校をみて』では、朝大学長の韓徳銖（総連初代議長）と当時の東大総長、大河内一男との対談が掲載されている。

対談の中で韓は、朝大の在校生を「約1000人」（7年間で倍増している）、年間学費は「2万円」、北朝鮮から送られてきた教育援助費・奨学金の累計が「58億円」、朝鮮学校の生徒総数が「約4万人」などと具体的な数字を上げた上で、朝大で行う教育の目的を《一言でいえば、朝鮮民主主義人民共和国（北朝鮮）という主権国家の公民としての高等教育》と明確に述べている。

さらに韓は、在日同胞に対する差別や朝鮮学校への政府の弾圧などを強くアピール。東大の大河内の「朝鮮のカリキュラムにそって、朝鮮人としての自主性のある民族教育のシステムをつくるということは、これは至極当然のことであって、それを阻害するなんの理由もないと思うのですよ」という答えを引き出している。

同書には、学者のほか、著名な作家や女優ら、文化人も名を連ねて一文を寄せ、朝大の認可問題を応援することこそが、日本人の〝正義〟なんだという印象を強くにじませている。

そのころ朝大へ進んだOBの男はこのとき、朝大に来校した文化人の案内役を務めている。

「キャンペーンは半端じゃなかった。いろんな有名人が朝大に来たし、日本の大学生も応援に来て、連日連夜の討議を行う。ロシア人など外国人もかなり来たね。もちろん、政治家や議員への〝裏工作〟もあったでしょう。ウワサでは〝実弾（現金）〟も随分飛んだんじゃないかな」

さらに、総連・朝大は「民族教育は基本的人権だ」「学術研究の機会を奪うな」という主張を、〝日本側の学術関係者〟の方から言わせるために、東大、京大といった日本を代表する大学のトップを集めてのシンポジウムや会議を盛んに開かせた。

関西の朝鮮中級学校（中学校）で校長を務めた80代の男は当時、そのキャンペーンに関わったひとりである。

「皆が総出で認可のための運動に動員された。私も著名大学の学長のもとへ何度も足を運ばされたことを覚えている。〝シンポジウムに出てほしい〟〝（朝大認可を）応援してほしい〟と頼むためですよ」

拉致謝罪後、見る目が厳しく

教育を「政治の道具」にすり替え、在日コリアンとしての民族意識を、愛国心を、金日成への忠誠心に置き替えてしまう。そして、カネとヒトを容赦なくむしり取る……。

こんな理不尽なやり方が、いつまでも通用するはずがない。

時は流れ、朝鮮学校を見つめる日本社会の目は厳しさを増していく。

2002年、北朝鮮の朝鮮労働党総書記、金正日が日本人拉致を認めて謝罪した事実は、その大きな契機となった。

美濃部都政の朝大認可から間もなく半世紀になろうとしている現在、遅きに失した感は否めないが、これまで及び腰だった各自治体は、一向に変わる気配がない朝鮮学校の偏向した教育を見て、補助金をどんどん切り始めた。これまでにも詳しく書いたように、総連コミュニティー内の離反も相次いでいる。

帰国願望が強かった1世はまだしも、日本生まれの2世、今や3世、4世となった在日コリアンの世代にとって、朝鮮半島は父祖のルーツの地でしかない。さらには日本人との結婚や日本への帰化もどんどん増えていく。

金一族の革命歴史のウソや傍若無人な北朝鮮の振る舞いを見せつけられるにつれて、カネもヒトも離れていった。

彼らが求める教育とは、民族の歴史や伝統文化を踏まえた上で、エスニック（少数民族）として、日本社会に溶け込んでいくための教育だったのだから。

第五章▼「殴る蹴る」の思想総括と〝貢ぎ物〟

大学「教養部」が実権握る

都知事の美濃部亮吉《りょうきち》が朝大の認可に踏み切った1968年と前後して、北朝鮮、総連、朝大に画期をなす大変革が起きていた。いや大醜態と言うべきだろう。すでに何度も書いてきた「金日成絶対化」とそれに連動した総連・朝大内の激しい権力闘争の動きだ。先頭に立ったのは、本国で世襲後継者の座を確立しつつあった長男の金正日（後に総書記）の威を借り、自身が総連の覇権を握ろうとした第一副議長、金炳植《キムビョンシク》（後に失脚し北朝鮮へ召還）である。

朝大の学内では教養部が実権を握り、朝鮮労働党の日本分局とも言うべき組織「学習組」を通じ、教職員に対して、忠誠心を問う厳しい思想チェックを行った。さらに、学内政治組織・朝青朝大委員会で思想を担当する宣伝部とも連携し、全学生を掌握していた。

「教養部の部屋にはいつも資料が堆《うずたか》く積まれていた。同時にそこは〝仕置き部屋〟にもなっており、朝青朝大委員会の部長や班長クラス（の在校生）がよく呼ばれていた」（朝青朝大委員会の元指導員）という。

「学習組」は、北朝鮮の朝鮮労働党の政策を学習するという名目で組織されたが、後には、提綱《チェガン》と呼ばれる朝鮮労働党からの指示や、総連内部の重要事項の決定が学習組を通じて伝えられるとともに、学習組は反体制派を監視、糾弾し、つるし上げる激しい思想総括の場にもなる。

朝大ＯＢによれば、朝大内の学習組は、「朝大学習組指導委員会」が縦のラインで統括し、教養部長より上位にあった。

さらには総連中央に置かれた「学習組指導委員会」が、すべての組織の学習組を統括していた。そのトップは、総連議長をもしのぐ隠然たる力を持っていた、とされる。

朝大政経学部出身のＯＢが朝大教員になったとき、学部長から呼ばれ、こう告げられたという。

「〝学習組〟という組織を知っているか？　選ばれしエリート組織だ。ぜひ入りなさい」

「分かりました」

やりとりはただそれだけ。決まり事を伝えられたり、サインを求められたりすることもなかった。ただし、組員であることは家族にも秘密にするよう命じられたという。すべては非公開で〝闇〟の中にあった。

朝大生でも「組織給費生」や「熱誠者学習班」に所属する〝組織エリート組〟の中には、一本釣りされて金炳植の私兵部隊「フクロウ部隊」に参加し、命じられるまま尾行や監視、教職員への暴行に加わった者も少なくない。

「放課後に空手の特訓などをしていた彼らが突然、理由も告げずにクラスから姿を消した。同級生にも言わない。1人や2人ではなかった。それが組織に尽くす、忠誠を誓うことだと信じ込まされていたのだろう。彼らの消息はほとんど分からない」（60代の朝大OB）。

目上の恩師も凄惨なリンチの対象に

学内政治組織である朝青朝大委員会の力が、強まっていくのもこのころだ。当時、朝大政経学部に入学した60代の別のOBは、衝撃的な場面を目撃する。

現在は総連中央の大幹部になっている男が、そのころ、総連傘下の学内政治組織である朝青朝大委員会の副委員長を務めていた。副委員長の男は、政経学部寄宿舎の一室（朝青朝大委員会政経学部支部事務室）を根城にして、ターゲットにした教職員らを呼び込み、朝青を手足に使って何度もつるし上げていたのである。目上の恩師を情け容赦なく小突き回す〝凄惨なリンチ〟は、中国・文革時の紅衛兵を思わせたという。

「（男は）総連の第一副議長である金炳植の尖兵だった。教員であろうと容赦はしない。手下を使って殴る蹴るの暴行を加えさせていた。そのころ、金炳植の娘が朝大にいて〝お姫様扱い〟されていたのを覚えている。学内で食べる食事も特別扱いで、上げ膳据え膳なのに彼女は不平不満ばかり。〝娘を守ることはお父さん（金炳植）を守ること。お父さんを守ることは首領様（金日成《キムイルソン》）を守ること〟と言われたが、まったく理解できなかった」

厳しい思想総括を受けたのは教職員だけではない。在校生も、である。

朝鮮初級学校（小学校）教員を経て、「組織給費生」として朝大に入った70代のOBの男は、他の在校生を指導する「班長（クラス委員）」になっていた。

学費、寮費は免除、必要な学用品は支給されるという特別な立場にあり、教員として働いていた分、他の在校生より年齢も高い。朝大入学時から組織に忠実な〝兄貴分〟としての役割を担わされる。

「給費生だけ入学前に総連中央本部に呼ばれ、思想の特別学習を受け、こう命じられた。〝お前たちは班長になる。その最大の任務は4年間で1人の脱落者も出さないことだ〟と。〝何かあったらお前たちの責任になる〟ともクギを刺され、もう自分の勉強は二の次、血を吐くような毎日だった」

朝青朝大委員会の指示を受け、班長や給費生らが主導した当時の思想総括は、熾烈を極めたという。寮内、学年ごと、学部ごと、各レベルで自己批判を求められ、反省文を何度も書かされる。内容は、あるようでない。ささいな行動をあげつらわれ、執拗に責められる。要は「首領様（金日成）」への忠誠心競争を強いられるのだ。

同じ頃に、朝大へ入った60代ＯＢの回想である。「狭い寮（寄宿舎）の部屋で飲み食いも許されず、夜の7時ぐらいから連日でした。徹夜して反省文を書いても何度も突き返される。寝る時間もなければ、逃げ場もない。耐えきれずに何人もの同級生が逃げたり、辞めていった」。

至上命題は「脱落者を出すな」

班長になった男の「役目」は、そうやって逃げたまま帰ってこない在校生を強引に連れ戻すことである。何しろ「脱落者を出すな」というのが組織の至上命令なのだ。「夏休みに帰省したまま、新学期が始まっても戻ってこないヤツがいる。それを北海道まで追いかけていく。昔の遊郭のような所へ逃げ込んだ男もいた。こっちも必死だよ。戻すためには脅す、諭す、親の情に訴える。連れ戻すまでは（朝大の）門を再びくぐれない。脱落者を出すと、今度はこっちがやられてしまう。〝お前もつるんでいるのか？〟ってね。結果がすべて。それが朝大だ。とにかく全員を卒業させるのがノルマ。つらくて、自分も脱走したくなったこともあったね」

だが、どうしても説得に応じない在校生も中にはいる。こうした中には、親の同意を取り付けて、帰国船に乗せ、北朝鮮へ送った在校生もいたという。

「どうしようもないヤツの場合だけだよ。親に対して〝息子さんはこのまま日本にいたらヤクザになるしかない。祖国（北朝鮮）へ行って社会主義建設に尽くした方がいい〟〝彼は精神を病んでいます。祖国できっちりと治療させたほうがいい〟などと説得するんだ。もちろん班長の俺には、そこまでの権限はないから学校当局がやるんだが……。俺は、船が出る新潟港までうまく丸め込んで連れていくんだ。〝あんたまた戻ってこいよ〟なんて言うのだが、本当は二度と戻れないことを知っていた。後で親から息子の消息を聞かれ、文句も言われたけど、〝知りません〟としか答えようがなかったな」

皮肉なことに、男自身もやがて、反金炳植派に繋がっていると見なされ、厳しい総括のターゲットとなってしまう。病気を装い、身を隠し、必死になって逃げた。

日本中から優秀な朝高卒業生が朝大へと集まっていた時代である。朝大進学を希望しながら入れなかった生徒も多い。とりわけ政治経済学部には逸材がそろっていた。それが、総連指導部の醜い権力争いに巻き込まれ、利用され、揚げ句は潰され、〝闇〟の中へと消えていったのである。

多くの良識ある教職員も、この時期に朝大を去っている。後に著名な文学者となった教員は、「身体をこわした」という口実で休み続け、二度と朝大へは出てこなかった。

年若な朝大生に教員が小突き回され、罵詈《ばり》雑言《ぞうごん》を浴びせられる光景を見て、一般の在校生も教員の言うことを聞かなくなった。寄宿舎での生活は乱れ、禁止されている飲酒が横行し、点呼や清掃にも応じない。学力レベルは落ち、「学力も生活態度も大学から一挙に高校（レベル）になってしまった」（60代ＯＢ）と嘆く。

朝大側は仕方なく、若手で血気盛んな教員を、「舎監」として寄宿舎に泊まり込ませ、在校生の行動に目を光らせるしかなかった。

教育現場にあるまじき、政治闘争、権力争いの暗闘、暴力、暴言、盗聴、監視、密告。

そして、独裁者を賛美し、あがめ奉る荒唐無稽な偏向教育への急傾斜……。

これが「基本的人権」や「民族教育の場」を総連・朝大が訴え、東京都の認可を求めていた同じ時期に起きていたまぎれもない〝闇の真実〟なのである。

金日成「神格化」がエスカレート

北朝鮮の初代権力者、金日成の絶対化、長男、金正日《キムジョンイル》への権力世襲の流れが進む中で、朝大における〝異常な事態〟も、ますますエスカレートしていく。

１９７４年、後継者の地位を固めた金正日は、「党の唯一思想体系確立の十大原則」を打ち出す。

その内容は「偉大なる首領金日成同志の革命思想で全社会を一色化するために命をかけて闘争しなければならない」、「偉大なる首領金日成同志を忠誠で高く仰ぎ奉らねばならない」といったもので、金日成の「絶対化」よりさらに進んだ「神格化」が図られた。

日本人拉致事件も、そのころ多発している。対南（韓国）工作要員として〝一本釣り〟され、ひそかに消えた朝大生もいたことはすでに書いた通りである。

総連内での激しい権力闘争を主導し、後に失脚した金炳植の大抗争に関連して、総連から離れた朝大OBは奇妙な体験をしている。

「朝大時代のことだ。風邪をひいて欠席だと聞いていた同級生が、2カ月経っても3カ月経っても姿を見せない。班長だった私にも訳が分からなかった。ところが、その男はずっと後になって韓国で見つかった。おそらく男は対南工作に関わり、スパイとして韓国に侵入して捕まったのだろう。上と繋がる〝縦線〟しかなく、横はほとんど知らない。〝敵〟か〝味方〟しかない。そんな時代だった」

同時に、巨大なパワーを誇った総連コミュニティーの綻びも見え始めていた。

総連は、朝鮮学校の児童・生徒数をヒタ隠しにしていたが、元総連幹部によれば、実際にその数がピークだったのは73年。社会主義にはあるまじき父子2代の世襲が現実味を帯びてきたことによって、多くの人間が組織を離れていく。

タブーだった朝大生200人のプレゼント

朝大元副学長、朴庸坤《パクヨンゴン》が2007年にNHKのテレビ番組に出演して、1972年、北朝鮮本国の指示によって、現役の朝大生200人を、金日成の還暦祝いの祝賀代表団として、〝片道切符〟で北朝鮮へ帰国させた事実を初めて公にしたことは書いた。

当時（1972年）、すでに「北の惨状」は朝大にも漏れ伝わっていた。政経学部では自ら参加を希望した在校生はゼロだったという。リストに載せられた200人は総連幹部や有力商工人の子弟が多い。カネを引き出し、言動を封じるための「人質」に他ならない。

朴は、北朝鮮行きを渋る朝大生や保護者を懸命に説得して回ることになる。「祝賀代表団として帰国すれば（金日成）総合大学に入り卒業後には社会主義建設の指導者として貢献できる。外国にも雄飛して活躍できる。このまま日本いても就職はできないし、活躍の場は狭いだろう」と背中を押したのだ。

朴はそのときまで北朝鮮へ行ったことがなく、本気で「地上の楽園」というウソッパチの宣伝文句を信じ込んでいたのだという。

〝貢ぎ物〟のごとく送り出された朝鮮大生200人の事実は現在まで、総連や朝大の公式記録にはどこにも書かれていない。

それは総連・朝大が何としても隠しておきたかった秘密だった。

朴はなぜ、話したのか。

「懺悔ですよ。僕が犯した罪を償うべきだと思っていた。話す機会があれば、いつか本当のこと言おうとね。（処分を受けることは）もちろん分かっていたが、黙っているわけにはいかないでしょう」

時計の針を戻してみたい。

金日成が60歳の誕生日を迎えるのは72年4月15日だ。総連ではその前年から全組織を挙げて還暦祝いに取り組む。ここでも音頭をとったのは「金日成絶対化」の流れに威を借りて、議長、韓徳銖《ハンドクス》にとって代わる野望を抱いた第一副議長、金炳植だった。

金炳植は、金日成の著作集の刊行や、荒唐無稽な革命歴史研究室の設置、あるいは還暦祝いの自転車リレーなどを傘下団体や各事業体に命じてゆく。

さらには、総額50億円とも100億円ともいわれる金日成への豪華なプレゼントを用意させる。機械類や車両に始まって、手作りの小物まで。女性たちが贈り物を縫うときには「息がかかってもおそれ多い」としてマスクをして作業にあたるほどの気の遣いようだった。

この山のような贈り物の中に、日本製のオートバイに乗って帰国船から北朝鮮へ上陸し、陸路平壌まで駆けつけた朝青の約60人の若者と、朝大生の男女約200人が含まれていたのである。本国への忠誠心を示す証にしたかったのだろうか、権勢を誇った金炳植の娘もそれに参加した。

59年に始まり、84年まで約9万3000人の在日コリアン、日本人配偶者・子らが参加した北朝鮮への帰国事業は、北朝鮮と総連が主導した「国家的詐欺」だったことは書いた。衣食住はタダという触れ込みを信じ、全財産を総連に寄付して船に乗ったのに、北朝鮮は「地上の楽園」どころか、住民の暮らしは貧しくて食べる物もロクにない。日本からの帰国者というだけで仕事、結婚、住居地まで差別され、あるいは、ありもしないスパイ行為を疑われ、生涯生きては出てこられない政治犯収容所に送られた帰国者は数知れなかった。

こうした惨状や宣伝のウソが日本に漏れ伝わるにつれて帰国事業の参加者は激減していく。朝大生らは事業の不振を糊塗するため〝貢ぎ物〟のごとく扱われたのである。

狙い撃ちされた〝贈り物〟

60代の朝大文学部OBは、その騒ぎをよく覚えていた。何人もの近い知り合いが直接関わっていたからである。

「学校側から指名されても断った人間は少なからずいたと思う。朝大2年生だった後輩も断った。親が拒否したケースもある。一方では代表団の気概を持って参加した学生もいた。ひとりは北朝鮮で映画監督になったと聞いたが、その後の消息は聞こえてこない」

女性映画監督、ヤン・ヨンヒの12歳年上の長兄・コノ（当時朝大1年生）も、そのひとりに指名されて北朝鮮へ渡っている。自著にはこう書いた。

《下の二人の兄が帰国して間もない年明け。いきなり、朝鮮大学校の一年生だったコノ兄（長兄）が、北の帰国団に指名されたのだ。一九七二年四月十五日に、キム・イルソン（金日成）主席の生誕六十周年を迎えることとなり、総連はキム・ビョンシク（金炳植）第一副議長の号令のもと、盛んに北へ贈り物を行った。その「六十周年記念プレゼント」のメインが「人間プレゼント」だった。偉大なる主席さまへ前途有望な在日の若者たちを献上するのだ…「主席さま」の還暦を祝う〝忠誠の一大プロジェクト〟は「愛国・忠誠」という美名のもと、政治団体内での権力派閥をめぐっての代理闘争の色をも帯びてゆく。犠牲となったのは純真な若者たちだった》（『兄　かぞくのくに』より）

ヤンの父親は総連幹部、母親も熱心な支持者、ヤン自身もずっと朝鮮学校に通ったことは触れた。この前年（71年）には、3人の兄のうち、次兄、三兄はすでに帰国事業に参加して北へ渡っていた。

当時、帰国事業は北での惨状が漏れ伝わるにつれて熱気が冷め、参加者は急減。いったん事業が中断され再開された後だった。

「朝鮮学校では（そうした悪評は）民団（在日本大韓民国民団）側のプロパガンダだ、だまされるなという教育がなされていました。（朝鮮学校の）生徒はまじめで団結心が強い、日本社会の差別の中で生きてきたという思いもある。このまま日本に残っても組織の人間になるか、（在日に多い）パチンコ屋か焼き肉屋か……。北朝鮮の状況もよく分からないし、俯瞰の判断ができなかった。そういう時期だったのです。そんなときに下の兄2人が〝僕が帰国します〟というと学校でヒーローになるわけですよ。先生も誇りです。思想教育の成果として報告したしょうね。近所や学校でも派手に送別会が行われ、兄たちも〝今さら行かない〟とは言えない。でも（帰国船が出る）新潟へ行ってからさすがにぐらついた。〝俺、止めようかな〟とこぼすと、母親から〝アボジ（総連幹部の父親）の立場も考えなさいとたしなめられたそうです」

このとき次兄は高校生、三兄はまだ中学生だった。ヤンの両親にとっては3人の息子のうち、すでに2人を帰国させ、祖国（北朝鮮）、組織（総連）には十分に貢献しているという思いがあった。「長男は免れる、他の兄弟を送っていれば大丈夫などというウワサも内部で流れていた」という。

だが、実際には指名は恣意的であり、朴庸坤が書いたように、総連幹部や有力商工人、反権力者派の子弟などが狙い撃ちにされたのである。

父親は何とか長兄の参加だけは止めさせるべく、懸命に動いたが、決定は覆せなかった。そして長兄もまた、組織内の父親の立場をおもんぱかった……。ヤンがそうした事実を母から聞かされたのは最近のことだという。

「コノ（長兄）を行かせるとき、アボジもオモニも万歳ばかりじゃなかった。どんだけ泣いたか。下の息子2人を（北朝鮮へ）捧げた後、長男ぐらい許されると思っていたら問答無用だったと……。私は本当にびっくりした。そして何で今まで黙ってたの、って怒りましたね」

クラシック音楽が好きで芸術家肌だった優しい長兄コノは北朝鮮で心身を病み、60歳を前に亡くなってしまう。生真面目で繊細だった長兄は、全体主義国家とはまったく相容れない人間だった。息抜きをする術さえ知らなかったという。

次兄から日本のヤン（妹）へ長兄の死を知らせる電話が入る。ヤンはその事実を母に伝えねばならない。

《「オモニ（母）、あのな、あのな…、コノオッパ（長兄コノ）がな、死んだって」。一瞬、時が止まった。「アイゴ、あんた何言うてんのん、そんな…なんのことや」。母は、その場に泣き崩れた。「いつ?」「なんで?」「そんなことあるわけない」「アイゴ、かわいそうに」…。母は誰に言うまでもなく、ひとり呟き続けた》（『兄　かぞくのく

に』より）

涙を出し尽くした母親は総連へ行き、平壌訪問の申請を行う。娘（ヤン）の同行を申請したが、映画『ディア・ピョンヤン』以降、北朝鮮への入国が禁止になっていたヤンの同行は認められなかった。

コノの死後、ヤンは長兄の朝大時代の同級生と会い、その話に衝撃を受ける。「コノが指名されたのは、おやじさんを黙らせるためだったのではないか」と聞かされたからだ。

ヤンはいう。「（総連幹部だった）父親は、組織に忠実だけど、おかしいことはおかしい、とはっきりものを言う人だった。もちろん真相は分かりません。ただ、この問題（朝大生200人の帰国）が総連や朝大の記録に書かれていないのはどう考えてもおかしいでしょ」

済まなかった、許してくれ

72年当時、「赤旗」の平壌特派員だった萩原遼《はぎわらりょう》はこのとき、日本から来た朝大生たちと会っている。

「日本の方ですか？」

日本からの新聞や雑誌を受け取るために、平壌の中央郵便局に来たとき、愛らしい20代の女性から日本語で話しかけられた。

見れば50人ぐらいの男女の若者がいる。女性は、日本人が懐かしかったらしい。萩原を、貿易関係のビジネスマンと勘違いして声を掛けたのだ。

「いや、ボクはジャーナリストですよ。『赤旗』という新聞の特派員です。あなたたちも日本から？」

「オンマ（お母さん）や家族への手紙をみんなで出しに来たのです」

萩原には知的な女性の印象がはっきりと残っている。会話は5分程度で終わった。どこで監視の目が光っているか分からない。北朝鮮当局は萩原が勝手に市民と接触することを極度に警戒していた。若者たちの消息は、それきりだった。

萩原はいう。「あのとき彼女たちは、もはや二度と日本へ帰れないことを知っていたんだと思う。前途ある若者たちに本当に惨いことをしたものです」

朴庸坤は後に訪朝したとき、自らが送り出した何人かの元朝大生と会っている。

朴は自著にこう書く。

《私が泊っていた（平壌の）大同江ホテル前を幾度も行ったり来たりしている青年を

目撃した…私が説得して北に送り出した200名の学生のひとりだった…心のなかで「済まなかった、許してくれ」と、謝罪の言葉をつぶやくだけだった》（『ある在日朝鮮社会科学者の散策』より）

本来、北朝鮮では事前に申請をしなければ訪問者と会うことはできない。その青年は偶然を装って恩師（朴）に会おうと、寒い中、ホテルの玄関前で待っていたのだ。

東海岸の元山《ウォンサン》でも経済大学へ行った元朝大生が待っていた。なけなしのお金で買ったであろうお土産を持って……。

「僕は申し訳ない気持ちでいっぱいなのに、彼らは〝先生、先生〟とお土産までもって駆けつけてくれたのです。僕は胸の中に泣きました」

朴はこう思う。

「帰国事業は在日朝鮮人史上、最大ともいえる事業だった。だが、総連はこれをいまだにまったく総括していない。これはおかしいでしょう」

第六章

60年間の底知れぬ〝闇〟

朝大元副学部長と北の情報機関

２０１６年2月、総連・朝大に衝撃が走った。朝大経営学部の元副学部長が、詐欺容疑で警視庁公安部に逮捕されたのである（その後、東京地検は起訴猶予処分にし、任意で捜査を続けるとした）。

当時の産経新聞記事をみてみよう。

直接の容疑は、架空の人物に成りすまして不正入手したクレジットカードを利用し、12年に、パソコン周辺機器などを購入したというものである。だが、捜査当局は、男が北朝鮮の対外情報機関「２２５局（現文化交流局）」の指示を受け、韓国での政治工作に関与、日本の活動拠点責任者として、対南（韓国）工作の指示役を担っていたとみて、活動の全容解明を進める方針だった。

捜査関係者によると、元副学部長の男は２０００年前後に２２５局にリクルートされ、同局の指示のもと、韓国での活動を主導していたという。

225局は北朝鮮の工作機関だ。韓国での非公然組織構築や協力者獲得が主な任務で、アジアを中心とした諸外国に工作員を潜入させ、その工作員は政界、軍、マスコミなど各層に浸透している。

日本では総連を指導し、さまざまな対南工作を仕掛けてきた。韓国政界の情報収集のほか、工作員の獲得やデモ運動、反政府運動の取り組みを指示。工作員には数百万円を支援し、暗号化したメールなどを通して指示や報告のやりとりをしていた。

225局の前身の朝鮮労働党対外連絡部は、1980年代、欧州での有本恵子さん（拉致当時、23歳）の拉致などに関与したとされる。

朝大教員の肩書は〝格好の隠れ蓑〟

総連中央の幹部であれば、多かれ少なかれ北朝鮮の工作機関との繋がりは持っている、とされる。本国の指示を受け、対南工作に動いても〝縦のライン〟しかない世界では、周囲にすら見えない。

また、朝大の教員という肩書は非合法活動を行う上で〝格好の隠れ蓑〟にもなる。

男はかつて朝大で、総連傘下の学内政治組織、朝青朝大委員会にもいた。

同僚だった男性は逮捕を聞き、にわかには信じられなかったという。「ウソだろうと思った。すぐ隣にいた人ですよ……。そんな活動のことはおくびにも出さなかった」。内部の人間にさえ気づかれないようにして非合法、非公然の〝闇〟の活動に関わった人物が、教育機関である朝大幹部の座に就いていたという驚愕の事実がそこにある。この事件のように、警察の捜査で明るみに出るのはほんの一部でしかない。朝大理工学部の教員は、全員が、北朝鮮の核・ミサイル技術開発への協力が疑われている総連傘下の「在日本朝鮮人科学技術協会（科協）」のメンバーになっている。〝闇〟との繋がりは底知れない。

産経新聞の記事によれば、警視庁に逮捕された朝大経営学部の元副学部長の男は、総連傘下で北朝鮮の政治思想である主体思想の研究や理論武装などを行う「在日本朝鮮社会科学者協会」（社協）副会長にも就任していた。

男は、在日の対南工作活動の拠点責任者として、これまでに、数十回にわたり、北朝鮮に渡航。韓国で収集した情報や活動の成果について、報告していたとみられる。225局が男を通じ、多岐にわたる政治工作を仕掛けていたことも判明している。

2007年の韓国大統領選をめぐる選挙情勢を収集したほか、08年の韓国総選挙では、親北の「統合進歩党」（当時・民主労働党）を支援するよう指示していた。

さらに男の関与した工作をめぐっては、獲得した工作員だった韓国の民族舞踊団体代表を韓国当局が摘発。国家保安法違反罪で実刑判決が確定した。この代表は11年3月、男の手引きにより、中国・上海で225局の工作員と接触したことも判明した。

総連は、男に捜査の手が迫っているのを知ると、先手を打って総連関係の全役職から外している。朝大経営学部副学部長や、総連傘下の社協副会長などの肩書は16年6月、公安部が別の詐欺容疑で自宅を家宅捜索した翌日に外された。

朝大は工作活動の拠点のひとつ

11年、韓国の捜査当局は、北朝鮮の工作員による大がかりなスパイ事件「旺載山《ワンジェサン》事件」を摘発した。

約20年間にわたり、北朝鮮の工作機関225局の指示で地下活動を続けていた北の工作員は、韓国の政財界に深く浸透し、都心部でのテロ活動まで企てていたとされる。

驚くべきことに、産経新聞が入手した韓国検察当局の捜査資料に、225局の指示を受ける日本側の責任者として、総連の現職副議長とみられる人物の名前があった。

この男は、総連幹部を輩出してきた朝大政経学部の出身の学者だ。北朝鮮の政治思想である主体思想の研究者として知られ、政経学部の学部長まで務めていた。

16年2月、警視庁に摘発された朝大の元経営学部副学部長も、225局の指示を受け、韓国での政治工作に関与していたとされている。これらの事件に依拠しただけでも、朝大が北朝鮮による工作活動の拠点のひとつだったことは疑いようがない。

225局のトップを務め、総連関係の資金、人事、情報を一手に牛耳っていたのが北朝鮮総書記、金正日《キムジョンイル》の側近だった姜周一《カンジュイル》（14年死亡）だ。

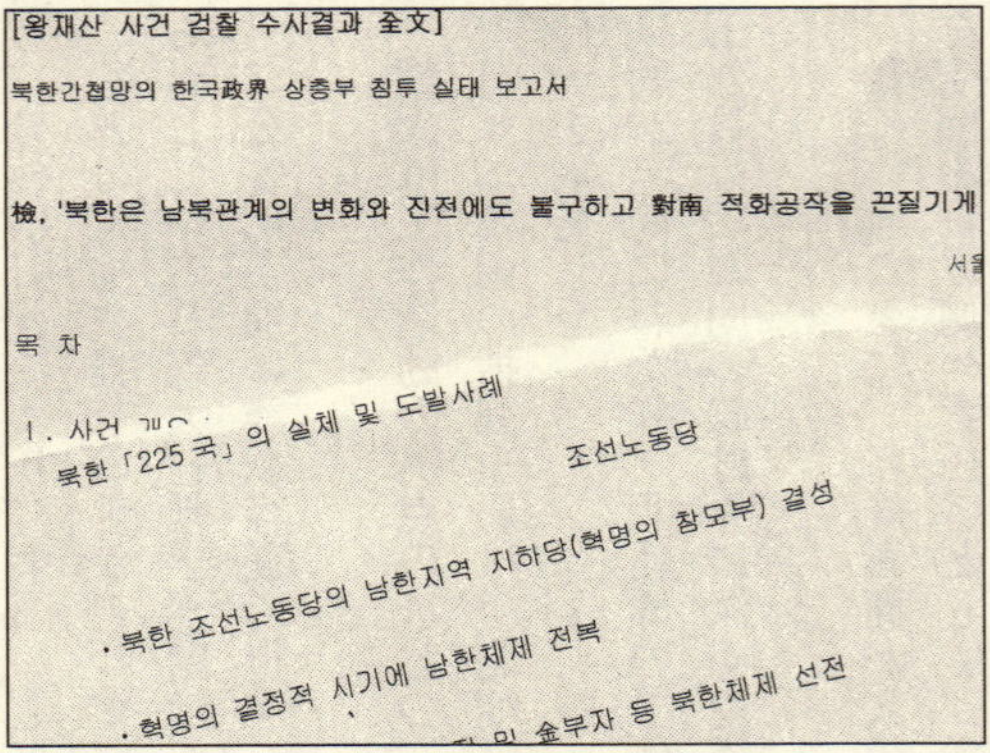
[왕재산 사건 검찰 수사결과 全文]

북한간첩망의 한국政界 상층부 침투 실태 보고서

檢, '북한은 남북관계의 변화와 진전에도 불구하고 對南 적화공작을 끈질기게

서울

목 차

1. 사건

북한「225국」의 실체 및 도발사례

조선노동당

· 북한 조선노동당의 남한지역 지하당(혁명의 참모부) 결성

· 혁명의 결정적 시기에 남한체제 전복

및 金부자 등 북한체제 선전

韓国捜査資料。「225局」の字が見える

先の副議長は姜に目をかけられ、トントン拍子で出世を果たす。機密情報が漏れることを恐れ、次第に朝大の同期生との付き合いを避けるようになった。

1997年、主体思想の生みの親とされた黄長燁《ファンジャンヨプ》が、韓国へ亡命したときは粛清の危機にあったが、姜がこの副議長を守り抜いたという。

北朝鮮と総連、朝大の〝闇の関係〟

朝大経営学部の元副学部長の事件や「旺載山事件」に関して、在日韓国人向けの新聞「統一日報」に注目すべき記事（2016年5月25日付）が出た。少し長いが全文を紹介したい。

《朝鮮大学校が養成する金王朝の「首領たちの戦士」は、どのような仕事をするようになるか。それを知るためには、その革命戦士に教える教員がどういう人物なのか、その正体を知る必要がある。

朝大の教員の中には、平壌側が授与する学位を受け、北へ行って長期間滞在しながら「共同研究」をし、平壌当局と共同で行事を主催することもある。大学教員という身分を利用して日本社会で活発に活動する。学長は最高人民会議の代議員（日本の国会議員に相当）だ。

朝大の任務のひとつは、資本主義社会に向けた文化工作、「陣地戦」を遂行する戦士を養成することだ。当然、金王朝の政治宣伝工作のために平壌の指令に従って、組織の内外に向けての論理と理論も提供せねばならない。

朝大にいる多くの教員たちの中で、どのような人物が平壌当局によって高く評価され、出世するのだろうか。今年2月に日本当局に別件逮捕された朝大経営学部の副学部長も、対南工作員である正体がばれる前は、日本社会に向けても活発な活動をする「学者」であった。

男は例外的な存在だったのか。朝大には、8つの学部がある。この中で最も重要に扱われるのが政経学部だ。

政経学部長は通常、総連内で主体思想理論の第一人者とみなされる。現在、総連中央本部の副議長兼事務総局長の男も朝大の政経学部長時代に日本のなかで主体思想の第一人者といわれ、平成7年に政経学部長から総連本部の宣伝局長に抜擢された人物だ。

では、男は理論家・学者だったのか。彼の素顔は意外なことから暴露された。韓国当局は2011年7月、北の225局（以前の対外連絡部。今は文化交流局に名称変更）の指令に従い、1990年代の初めから「地下党工作」をしてきた旺載山スパイ団を摘発したと発表した。

スパイ団は20年近くの間、国会など政界上層部にまでネットワークを構築し、有事の際は首都圏でのテロ攻撃まで準備していた。逮捕・立件された人員は10人だが、連累した人々が100人を超える巨大なスパイ網だった。

この捜査によって、旺載山スパイ団が総連と深く繋がっており、スパイ団の初期から225局の在日責任者が指導してきたことが明らかになった。

旺載山スパイ団の総責（任者）の男などは在日工作網を通じて総連とビジネスを展開し、在日工作網を通して北朝鮮へ密入北して金日成に会った事実まで明らかになった。旺載山の組織員だった人物の法廷証言で、1993年8月、日本から北側の工作船に乗って平壌へ行って金日成から直接「接見教示」を受けたことが確認された。彼の証言によれば、総連中央副議長の男が朝大の政経学部長のとき、接見教示に同席したという。

首領の接見教示に陪席したということは、男が225局の日本総責であることを意味すると専門家たちは判断する。

男が総連中央の宣伝局長になるのはその2年後だ。男が金正恩の寵愛を受け、酒に酔って警察に逮捕されても、女性問題などスキャンダルがあっても問責されないのは、特別な地位であるからだと関係者たちは見る。

旺載山の主犯たちは2005年に平壌から「努力勲章」を受けた。彼らを指導してきた男はどういう勲章をもらっただろうか。男と共に旺載山スパイ事件に連累した総連中央の副局長も1980年代の半ばに北へ行って1年間特別な訓練を受けた。

朝大とその指導部は、平壌の暴君から勲章を受けた。北朝鮮解放後、最も重く裁かれるのは彼らだ。彼らに協力した人々も、恥辱を受けるはずだ。

近年多くの脱北・帰順者たちが労働党の対南工作の秘密を陳述している。彼らの陳述だけではない。ビッグデータ時代、総連の民族反逆行為は今も記録されている》

（※実際の本文中は実名）

統一日報論説主幹の洪熒《ホンヒョン》は、この記事についてこう話す。

「旺載山スパイ団の総責の男（総連副議長）などが、金日成の接見教示を受けた事実は、部下が韓国の非公開裁判で証言したものだ。記事には自信をもっている」

金日成の教示をも握りつぶす

この事件で、総連副議長の男らに指示を与えていた225局のトップが、姜周一であったことはすでに触れた。

姜らが総連の支配を強める契機となったのは、帰国事業のスタート（1959年）である。帰国船が北朝鮮と日本を行き交うようになると、姜らは船に総連幹部を呼び込み、直接指示を与えるようになった。

次第に総連は在日コリアンのための組織ではなく、北朝鮮の朝鮮労働党の日本での出先機関、代弁者となり、朝大や朝鮮学校の教育も〝政治の道具〟にすり替えられてしまう。

やがて姜と、それに盲従する総連指導部らは組織を意のままに操り、絶対権力者、金日成らの重要な指示（教示）までねじ曲げるようになる。

「ちょっと別室に残れ」

82年、訪朝した総連議長、韓徳銖《ハンドクス》らが平壌で金日成《キムイルソン》の接見を受けた後、同席していた朝鮮労働党幹部は、ぶぜんとした顔つきで韓らに命じた。腰を抜かすような言葉を、金日成が放ったからである。

「これからは、朝鮮高級学校（高校）から日本の大学へ送り、先端知識を学ばせて人材育成を行い、祖国（北朝鮮）へ貢献させるのがいいだろう」

総連によって、「民族教育の最高学府」と位置づけられた朝大への進学にこだわらない考えを明らかにしたのだ。

神のごとく崇拝させてきた金日成の教示は絶対だが、もし、この教示が公になれば、それまで「朝大へ生徒を送ること」を絶対視してきた総連指導部はメンツを失い、組織が潰れてしまいかねない。

「いったん（朝鮮労働）党で再検討する。教示は〝非公開〟だ」

労働党幹部は韓らにそう告げた。総連幹部の生殺与奪を握っている党幹部は、有無を言わせなかったが、韓らが安堵の表情を浮かべたのは想像に難くない。

公然と「主体思想は戦略のため」

朝鮮学校では朝鮮語で授業が行われるが、金日成はこの前年、「国語（朝鮮語）は〝語学〟として、外国語を教えるごとくやりなさい」との柔軟な考えを示していた。

つまり、タブー視されてきた日本語を、語学習得のためには、割り切って授業で使っても構わないという意味合いがあった。それは、かつて金日成が中国語を習得するのに苦労した経験から出た言葉だったという。

だが、この教示も握り潰される。

ひとつの原則をいったん崩してしまえば、すべてが壊れてしまうという強迫観念にとらわれたからであった。

結局、朝鮮労働党の総連担当部署や総連指導部によって都合の悪い教示は握り潰され、それは金正日の時代になっても続く。

独裁者の面前では、笑みをたたえ、大きな拍手をしておきながら、指示を伝えない。面従腹背とはこのことだ。

30代の朝大外国語学部OBは、卒業旅行で訪朝したとき、北朝鮮で最高のエリートがそろう金日成総合大学の哲学教授が、「(金日成の思想を絶対化する)主体思想は戦略のために作った」と、公然と言い放ったことに驚いたという。

朝大では、決して講義されることのない指導内容だったからだ。

「(朝鮮労働党の総連担当部署や総連指導部は)〝教示は法だ〟と言いながら、結局は自分に有利か不利かでしか判断しない。面白くないとポイ捨てだった。彼らは、〝一般大衆はすべて自分らの思い通りに動く〟と錯覚しているんだよ。それが、そもそもの大間違いなんだ」(総連関係者)

彼らが独裁者の威厳を利用しながら、自らの保身のために握り潰した数々の不都合な教示は、いまだに朝大生の耳には届いていない。総連の主導で自己矛盾をはらむことになった朝大は、〝闇〟を深めながら、自壊の道を突き進むしかなかった。

提出された教育改革の要望書

何が何でも朝鮮学校の教育内容を「変えてやる」という決死の覚悟だった。

60代の初老の紳士。朝大政経学部を出て、組織では教育分野が長い。

「時代に合わない。教科書に使われている用語が分からない。何よりも〝思想教育〟の部分を変えねばならない。それも抜本的に、だ。皆がハラをくっていた」

98年12月、「民族フォーラム（民族教育の今日と明日）」参加者一同　東京朝鮮中高級学校新校舎建設委員会、という名称のグループから、分厚い「要望書」が総連中央の担当部局へ提出された。

内容は極めて刺激的だった。

それは総連と朝鮮学校が、金科玉条のごとく守ってきた荒唐無稽な金一族の革命歴史や、主席の金日成のみを絶対化する主体思想を柱とする思想教育の見直し。そこで使われていた「突撃隊」「銃爆弾精神」などの用語の取りやめ、敵対視してきた韓国への正当な対応……。

「要望書」を抜粋する。

《これは、我々の教育を抜本的に改善しなければならないという切実な要求だ。一部の意見ではない。広範な大衆の意思なのだ。

今日、南朝鮮（韓国）社会の情報が、テレビや新聞雑誌を通して学生の耳に入ることはもはや止めることができない。このため学生の「祖国観」は（朝鮮学校で教えていることとの）「ダブルスタンダード」が形成されてしまう。事実として学生に伝える必要がある。

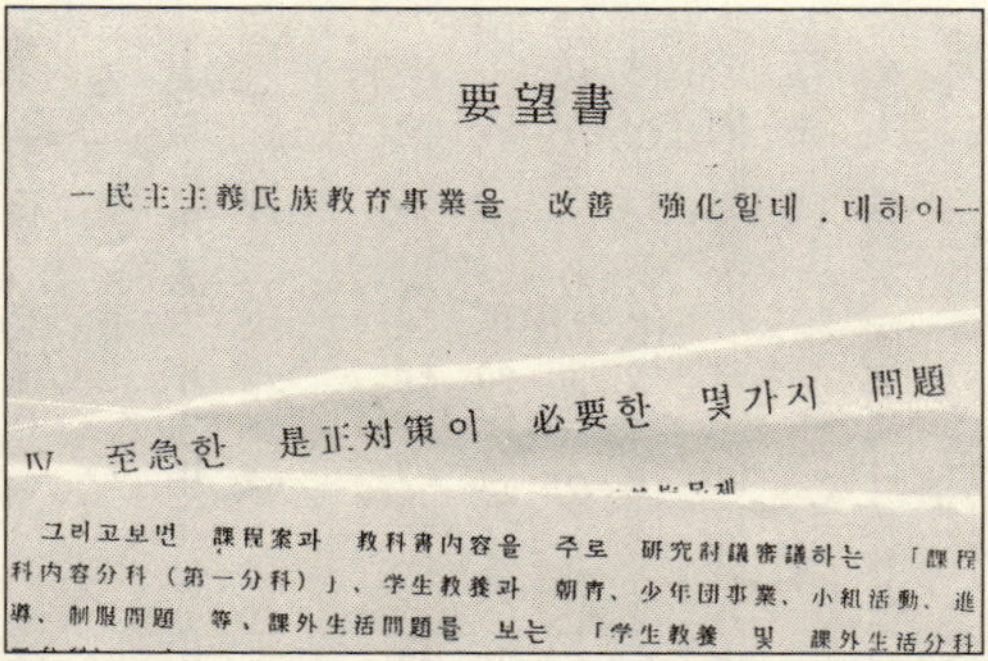

要望書

ー民主主義民族教育事業을 改善 強化할데 대하여ー

IV 至急한 是正対策이 必要한 몇가지 問題

…의 문제

그리고보면 課程案과 教科書内容을 주로 研究討議審議하는 「課程
科内容分科（第一分科）」、学生教養과 朝青、少年団事業、小組活動、進
導、制服問題 等、課外生活問題를 보는 「学生教養 및 課外生活分科

総連傘下の商工人グループがまとめた朝鮮学校改革の要望書。「至急」「是正」などの表現がある

故金日成主席様と金正日将軍様の偉大性、領導の賢明性を抱かせる目的で行われてきた「現代朝鮮革命史」は中3〜高3まで、多くの時間を割き重要科目として取り扱われてきた。最近、この科目は「金正日同志革命歴史」の内容を主とする科目として新たに位置づけし、教科書分量も増やし、科目時間数も高校では週あたり2時間から3時間へ増えた。だが、同時に「課程外の教養時間」に推進される「将軍様」に対する教養、朝青・少年団で進行される教養などが二重、三重になり、この科目の実効的推進には問題が多い。

この科目名の「革命」という2文字の意義を見

つけることは困難で、日本社会の環境を考慮したとき、科目名を「朝鮮現代史」に変えることが望ましいのではないか。

過激な用語、軍事用語は使用すべきではない。「決死隊」「突撃隊」「銃爆弾精神」「自爆精神」「決死擁護」など一般的に日本の環境に合わない用語は使用すべきではない。

学校の正規課程外の政治思想教育などについて、かつては偉大性教養、社会主義愛国主義教養、革命伝統教養、共産主義道徳教養などが重要な内容であった。しかし、時代が変わり、世代が交代し、(祖国への)帰国志向よりも(日本での)永住志向へ同胞意識が変化した今日、我々の学校の学生教養事業は日本の実情、条件、環境に合う、同胞達の要求志向に合うように、その内容が編成されるよう方法を改善することを望ましい。

偉大性教養、忠実性教養は日本のマスコミの影響を受けている学生の現実、心理を十分に考慮しているとはいえない。内容上も祖国(北朝鮮)の統制によって一方的な説話や提綱伝達、講義、指定図書の読書、決議集会などとして進行され、教条的、機械的という指摘も聞こえる。

進路指導は学生の能力、気質、素質、可能性を客観的に評価し、保護者や学生の希

望を尊重した上で方向性を一致させるべきだ》

何よりも、核・ミサイルで軍事的挑発を繰り返す北朝鮮の言いなりではなく、子弟の教育は「在日コリアン自身の手で行う」という、シンプルな正論が貫かれていた。

「こんなもの、全部撤回しろ。自己批判するんだ！」

「いったいどこが間違っているというのか。現場の教師たちも皆、賛成しているじゃないか。（幹部の）肩書を外してからものを言いなさいよ」

翌月の99年1月、「要望書」をまとめた商工人（企業経営者）らを中心としたグループのところへ、総連幹部が怒鳴り込んできた。グループの男らも負けていない。両者は激しくぶつかりあった。

総連幹部は、商工人グループを韓国情報機関のスパイ呼ばわりまでして非難したが、商工人らには切り札があった。

老朽化した東京朝鮮中高級学校の校舎建て替え費用約13億円を、彼らが負担することになっていたからだ。「金を出すなら口も出させろ」と主張する腹づもりだった。

商工人らによるグループも、簡単には引かない。

「相当な覚悟と危機感をもってまとめた要望書だった。（総連）中央はあえて関与させず、彼らだけで毎週1回、1年半から2年もかけて練りに練った。最後に〝皆さんの政治生命にも関わることだ。名前を出しても構わないか?〟と聞いたが、全員が了承したという」

当時の事情をよく知る初老の紳士は、そう振り返る。

「要望書」はやがて最高権力者、金正日の目に触れることになった。

「(総連指導部は)慌てただろうね。正規の手順を踏んだ提言だったし、(金一族らを)批判したわけじゃない。あくまで教育内容の是正を求めたものだったから」

果たして、金正日の意向は「良きにはからえ」だった。

だが、〝闇〟はあまりにも深かった。

最後の改革チャンスも潰された

要望書問題は思わぬ方向へ向かう。朝鮮労働党内や軍部の総連関係利権をめぐる労働党内部の権力闘争にも利用される複雑な事態を招いてしまった。

火の粉が降りかかることを恐れた総連指導部は、要望書の一部については「聞きおく」姿勢を見せつつも、根幹部分では「骨抜き」にするというやり方で保身を図る。要望書をつくったグループは「南朝鮮(韓国)のスパイ」呼ばわりされ、改革は潰された。

結局、その後、何度か行われた教科書改訂で、一部見直しは行われたものの、最大の焦点である思想教育部分は、現在に至るまでほとんど変わることがなかった。結局、校舎建て替え費用の13億円は負担するしかなく、グループによる朝鮮学校の教育改革は、幻に終わった。

朝鮮学校の偏向した教育や教科書は、今もほとんど変わっていない。

「あれが最後の改革チャンスだった。〝大衆の意向はこうなんだ〟と、総連指導部は（北朝鮮を）説得できたはずだったのに、それをやらなかった。逆に、要望書を潰すことによって保身を図ったんだ。今やそのパワーも人材もないでしょ。バブルが弾けて商工人もカネを出せなくなったし、インテリもいない」

初老の紳士は、残念そうにこう続けた。

「今や在日の3分の2が高等教育を受けている時代なんだ。みなそれぞれの価値観を持っているし、国際感覚もある。学校教育にも一家言あるから、それに合わない学校に子弟を送らないのは当たり前だ。歴史のわい曲などもちろん全部知っているし、隠すぐらいなら、最初から扱わない方がいい。だけど、彼ら（総連指導部）は、自分が生き延びることしか考えない。大衆のために、政治生命をかけてやる人間などひとりもいない」

紳士の憤りは収まらない。

「これでは、何のための革命か？　（北朝鮮の指示を受けて）南（韓国）へスパイを送り込んで、何か世の中が変わったのか？　時代錯誤も甚だしい。傘下団体なども、カネがないからヒトも雇えないし、まともな活動ができない。今や大衆が（総連に）背を向けてしまったんだ。それがすべてだよ」

ホコ先は総連指導部にも向かう。

「批判されると、やれでっち上げだ、謀略だ、と相も変わらず口を極めて非難するだけでしょ。あれじゃあね」

そういいつつも、この紳士は、朝大60周年の募金には、同期生会を通じて精いっぱいの金を贈ったという。男の心中にあるのは、未練なのか、あきらめなのか、怒りなのか……。


朝大生は北朝鮮の〝戦士〟

総連・朝大の〝闇〟は、金正恩《キムジョンウン》の時代になっても変わっていない。その一端を明らかにした産経新聞の報道を、改めて振り返ってみよう。

総連幹部が、これまでに朝大生や傘下団体に投げかけてきた言葉は、日本人にとっては実に衝撃的だ。

２０１６年５月９日、金正恩が朝鮮労働党委員長に就任する。すると、総連議長の許宗萬《ホジョンマン》が同月18日、大阪市で西日本の幹部を集めた会議を開き、「金正恩元帥様に無限の栄光を抱かせるため、朝鮮総連の反対勢力に総攻撃・総決死戦を繰り広げ、勝利を勝ち取ろう」と指示した。

具体的には約2カ月間に渡り、全国規模で正恩の礼賛集会や組織拡大イベントを実施するよう厳命した。これを受け、ある地方本部の幹部は、「北朝鮮と朝鮮総連の指示に従った祖国統一偉業を達成するために、聖戦に決然と立ち上がる」と応じる談話を出したほどだ。すさまじい忠誠心だった。

会議数日前の同年5月14日には、「金正恩元帥朝鮮労働党委員長推戴慶祝在日本朝鮮人中央大会」が、都内で盛大に開催され、朝大生ら約２０００人が動員されていた。

許の言葉は、段々エスカレートしていく。総連傘下の在日本朝鮮青年同盟（朝青）メンバーを、金正恩に従う「戦闘する戦士だ」と明言するようになった。朝青は核開発を主導する金正恩に、忠誠を誓う在日の青年組織。朝大生の加入が義務づけられている。つまり、朝大生＝戦士という位置付けになる。

金正恩は16年8月下旬、平壌で朝青訪朝団と面談。その後、朝青に北朝鮮の楽団や合唱団を紹介したDVDをプレゼントした。許は同年10月21日、都内で朝青メンバーにプレゼントに関する説明会を行った。

許は説明会のあいさつで、「金正恩元帥様が（朝青訪朝団に）〝新世代が愛国の伝統を受け継いで戦ってくれることを願う〟と貴重な話をしてくださった」と打ち明けた。その上で「元帥様から直接命令を受けた朝青は、お言葉を貫徹する戦闘を勢いよく展開し、敬愛する元帥様の領導を具現化しなければならない」と服従を指示した。

さらに、こうした具現化への思いは「戦士として持つべきものだ」と断じ、正恩の配慮と信任に応えるよう促した。

また、北朝鮮をめぐる国際情勢については、「米国をはじめとする敵対勢力と生死を賭けた激しい戦闘を展開中だ」と言及。「朝鮮総連が強力な海外戦闘部隊としての使命を果たすためには、新世代が革命の代を継承していけるようにしなければならない」とも訴え、朝大生ら朝青メンバーに対する思想教育の徹底を求めた。

こうした総連幹部の鼓舞に応える朝大側の過激発言も、見過ごすわけにはいかない。

第二章でも触れたように、朝大は、日米壊滅を目指す手紙を金正恩に送っていたのだ。朝大学長の張炳泰《チャンビョンテ》（当時）が、許から指示を受け、米国圧殺運動の展開を在校生に指示してもいた。手紙や指示には、正恩を称賛する文言があふれていたため、日本政府は朝大の反日・反米教育が加速化する可能性が高いとみて、動向監視を強めたほどだった。

この手紙は16年5月28日、朝大で開かれた創立60周年記念行事で正恩に送る忠誠文として紹介された。

手紙を送った学長の張は同年7月下旬、都内で開催された総連幹部会議に出席。その際、許は「米国の孤立圧殺を展開中だ。金正恩元帥様を最高尊厳として推戴し、民族教育事業の革新を引き起こすため総決起しろ」と命じた。その後、張は許の指示を朝大の幹部会議を通じて在校生に伝達した。

さらに張は同年8月、朝大教育学部など3学部の在校生約60人を、「短期研修」の名目で北朝鮮に派遣した。正恩に対する崇拝の念を、北朝鮮当局からの指導を通じて育成することが目的だったとみられる。張は、北朝鮮の国会議員にあたる最高人民会議代議員でもあることから、正恩偶像化教育の徹底を当然の振る舞いとして実行に移していたのである。

第七章 ▼ 注目される東京都の対応

再び注目された「調査報告書」

２０１６年９月２日。

１カ月ほど前に初当選したばかりの東京都知事、小池百合子は都庁第１庁舎７階にある執務室に籠もっていた。

北朝鮮による拉致問題に関する都の立場を幹部から聴取すると突然、こう言い放った。

「拉致問題はしっかりやります。どうしたらよいか考えてください」

決然とした小池の様子に押された都幹部の説明が綻びを見せ始める。

議論の過程で、朝大を含めた朝鮮学校が朝鮮総連の強い影響下にあると結論づけた13年11月の「朝鮮学校調査報告書」が、ホームページ（ＨＰ）からいつの間にか削除されていたことが明らかになったのだ。

報告書は、13年11月から16年2月まで、ホームページ（HP）に掲載されていたことが分かっている。

産経新聞の取材に、都私学行政課は「掲載当初、月7000あったアクセス数が、100まで減った」ことを削除の理由に挙げたが、何らかの圧力はなかったのか？

わざわざ削除した行為には、不透明さがつきまとう。

気色ばんだ小池が再掲載を指示。すぐに朝鮮学校の問題点を含めた報告書が、再びHPにアップされた。

即断即決だった。

都がまとめた「朝鮮学校調査報告書」。

それは、都内で朝鮮学校12校を設置・運営していた学校法人「東京朝鮮学園」（東京都北区）の教育実態や財務内容を、11年12月から13年10月まで調査した結果をまとめたものだ。

内容は衝撃的だった。

日本の高校生に該当する高級学校生が使う『現代朝鮮歴史』の教科書に、「敬愛する金日成主席様」「敬愛する金正日将軍様」など、個人崇拝の記述が409ページ中、

353回も登場している。

さらには、高級学校生が総連傘下の政治団体「在日本朝鮮青年同盟（朝青）」に加盟している事実も認定した。

朝青は、その規約（※巻末資料編参照）で「朝鮮民主主義人民共和国（北朝鮮）政府の政策を謹んで承り、在日本朝鮮人総連合会（総連）の綱領を固守し、総連の諸般決定執行の先頭に立つ」と規定している。

つまりは、北朝鮮の金一族を神のごとくあがめ奉り、核・ミサイルで恫喝を続ける独裁国家の政策を支持するということだ。

報告書は、朝鮮学校が「朝鮮総連と密接な関係にあり、教育内容や学校運営について強い影響を受ける状況にある」と断じた。

朝大問題に詳しい元都議を特別秘書に

都は、1995年度から私立外国人学校の教育運営費として、1人当たり約1万5000円の補助を実施。2009年度には、都内の朝鮮学校10校に計約2360万円を支給した。

10年度からは、当時の都知事、石原慎太郎が支給を「凍結」する方針を打ち出し、冒頭の調査決定を受けた13年11月、後任の知事、猪瀬直樹が補助金の不支給を「正式」に決めている。

その後の舛添要一も、「(日朝間には) 拉致という大きな問題がある。都民の税金を使っていいのか、大局的な考えに立った上で、今回 (15年度) も見送った方がいいと判断した」と不支給継続を維持した。

さらに、小池も16年9月8日、引き続き支給しない方針を明らかにした。

加えて、朝鮮学校調査報告書のHP再掲の指示については「貴重な資料なので、再掲を命じました」と強調。この問題に臨む不退転の決意をにじませた。

小池が、この問題に強い関心を抱くのは、国会議員時代に拉致議連副会長を務め、知見があったからだけではない。都議会の自民党との対決構図を浮き彫りにできる論点になると踏んだ節がある。

というのも、小池は知事就任にあたり、都議会で、都による朝鮮学校への補助金打ち切りや朝大認可の見直しを求めて名をはせた元都議、野田数《かずさ》を真っ先に最側近の特別秘書に据えたからだ。野田は〝小池新党〟である「都民ファーストの会」の代表にも就任している。

この問題における、自民党都議時代の野田の活躍は華々しい。というよりも、野田以外にこの問題を取り上げる議員は皆無に等しく、孤軍奮闘だったといえる。

野田は、11年12月、都議会本会議で、都による朝鮮学校への補助金支給問題を追及し、当時の知事である石原から、「来年度予算に計上しないことも含め、しかるべき時期に国民全員が納得するような判断をしたい」という答弁を引き出す。

石原は、12年度予算案の概算要求に盛り込まれた補助金約2200万円について、それまでの「凍結」から一歩進めて、「削除の検討」へと踏み込んだ。

さらに、野田は12年3月、都議会文教委員会で、北朝鮮による拉致問題を引き合いに出し、「学校認可は完全に間違いだった」として朝大の認可見直しを求めている。

だが都側は、1965年に「各種学校として認可すべきではない」との文部事務次官通達を把握しながら、認可に踏み切った事実を認めたものの、朝大の認可見直しについては態度を明確にしなかった。

野田は「都側や都議会の多くの議員でさえ、〝質問をしないでほしい〟という雰囲気だった」と当時を振り返っている。

抵抗勢力？の自民党と対決

実際、朝高への無償化適用問題や、都道府県の朝鮮学校への補助金問題が顕在化した2010年以降も、都による朝大の認可見直しが話題になったことはほとんどなかった。

それは朝鮮学校問題への〝抵抗勢力〟と思われても仕方がない都議らの動きがあったからに他ならない。

野田は、かつて産経新聞の取材に、「朝鮮学校問題を議会で取り上げる際に、都議会の自民党幹部から〝そんな質問をするな〟と、ものすごいけんまくで止めるように求められた」と証言している。

さらに、野田は雑誌に次のような一文も寄せている。

《在日勢力から選挙や資金で世話になっている議員や、近代史をろくに勉強せず判断力の無い議員が、自民党をはじめとする主要政党に数多く存在するのです。（略）都議会では拉致議連と日朝友好議連を掛け持ちしている議員すら数多く存在していました。以上の状況から、私は自民党を辞めました。（略）朝鮮学校問題に斬り込む際の最大の抵抗勢力は自民党でした。保守政党であるはずの自民党がいかに北朝鮮勢力に浸食されているか……》（15年発行『拉致と真実』5号、6号より）

野田の質問を止めようとしたとされる都議会自民党幹部に、産経新聞は再三の取材申し入れを行ったが、回答はなかった。

総連中央で長く仕事をした元幹部は、こんな証言をしている。

「〝表〟の関係は、ずっと社会党（当時）だったけれど、ある意味で総連が一番近いのは自民党なんだ。政治力が違うからね。議長、副議長級の幹部に、電話一本ですぐ連絡を取れる自民党の派閥領袖クラスの大物議員の知己がいたのは誰でも知っている」

「外国人籍の政治献金は禁止されているけれど、協力する方法はいくらでもある。選挙の度に総連へカネをもらいにきていた議員もいる。100万円単位の〝お車代〟を渡しても〝あっそう〟ぐらいの感覚でね。商工人やパチンコ屋には、日本人従業員もたくさんいるわけだから、票のとりまとめもばかにならない。1店舗20人として家族も含めれば50人、6店舗なら300票にはなる」

自民党との対決姿勢を鮮明にしている小池の視野に、これまで触れられることがなかった「朝大の認可見直し問題」があるのは間違いない。

拉致被害者家族会も小池に期待

一方、北朝鮮による拉致被害者家族会と拉致問題解決に取り組む「救う会」は17年2月19日、東京都内で合同会議を開き、「政府は拉致問題を最優先とし、今年中にすべての被害者を救出せよ」「全被害者救出のための実質的協議を行え」とする運動方針を採択している。

さらに、北朝鮮の具体的対応を引き出す実質的協議を行うよう政府に求め、そこに初めて「朝大の各種学校認可取り消しを求める方針」を盛り込んだのだ。

加藤勝信拉致問題担当相は、翌20日の衆院予算委員会で、この運動方針について「一刻も早い帰国の実現を強く求める思いが込められている。政府としても真摯に受け止めていきたい」と述べている。

小池も16年9月8日、政府と都主催の拉致問題解決を目指す集会に出席し、「すべての被害者、家族が一日も早く喜びの再会を果たせるよう、拉致問題を最重要課題とする安倍（晋三）政権としっかり連携させていただいて、全力で取り組んでまいりたい」と表明した。その上で、拉致問題について「風化させてはいけないということが一番肝要かと思っている」「都教育委員会と連携して学校教育の場などで、若い世代にしっかりと伝えていく」と決意も示した。

集会に参加した拉致被害者、田口八重子さんの兄で家族会代表の飯塚繁雄は集会終了後、「こういう問題が日本にあるんだ、決して平和ではないんだということも含めて、もっと教育の場でアピールしてもらいたい」と報道陣に述べ、小池に期待感を示した。

小池はその後、有言実行する。

都は16年10月に開かれた都立高校などの教職員向け人権教育研修会で、北朝鮮による日本人拉致問題啓発アニメ『めぐみ』の一部を上映した。『めぐみ』は１９７７年、当時中学1年だった横田めぐみさんが、新潟市内の学校から帰る途中、北朝鮮に拉致された事件を題材としている。残された家族の苦悩を描いた25分のドキュメンタリー・アニメだ。

研修会では、小池の指示を受けた東京都教育庁の担当者が、拉致が人権侵害であることを生徒に教育するよう求めた。

16年9月～12月にかけて、都内各地で相次いで開かれた都内公立中高の校長連絡会でも、同庁は『めぐみ』の授業活用をはじめ、社会、地理、歴史の授業時に生徒に対し拉致問題の存在を明示するよう求めた。

いずれも、舛添要一が知事を務めていた15年度の同時期には、研修会や校長連絡会では行われていなかった啓発活動だ。

小池の本気度が伝わってくる。朝大の認可見直しまでをも視野に入れた世論喚起を目指す地ならしともいえそうだ。

ゲタを預けられた都知事の決断は

ただ、現場の〝及び腰〟は相変わらずだ。「各種学校」としての朝大の許認可を握る都私学行政課は、「教育の内容について〝あれこれやれ〟という立場ではない」として、朝鮮学校に対する人権教育を忌避。都人権施策推進課も「集会に参加する都民に対して啓発活動は行うが、朝大など個別の朝鮮学校には行わない」として傍観しているのが実情だ。

政府の対応も腰が定まらない。17年3月、朝大理工学部の教育内容が、国連安全保障理事会の禁止する核兵器開発に寄与する内容か否かについて、「現時点において、決議に違反するものが行われているとは認識していない」とする答弁書を決定した。元拉致問題担当相で民進党衆院議員、松原仁の質問主意書に答えたものだ。

政府が、朝大を所轄する東京都知事に対し、安保理決議を履行するように働きかけるかどうかについては、「都を含めて（安保理決議は）周知されているものと考えている」との表現にとどめた。

つまり、安保理決議に基づいて、認可を取り消すかどうかは、小池の判断次第と〝ゲタを預けた〟とみられる。

松原は、政府の答弁書について「朝大理工学部専門科目には、兵器開発を促す原子核物理学、制御工学、半導体工学、電子機械などがあり、安保理決議に違反しているのは明白だ。政府は、朝大の認可の適否については〝小池都知事が自分で判断してくれ〟という立場。国の安全保障を担う立場としては無責任だ」と批判している。

結局、都の各部局も政府も、朝大に対する働きかけに躊躇しているのが現実だ。

「不適正」と認定した都は

実は東京都は、朝大の認可を巡り、自己矛盾に苦しむようになっていた。

16年2月、都が、総連関連企業の債務を肩代わりした朝大の不適正な運営を知っていたのにもかかわらず、私立学校法に基づく改善命令を怠っていたことが、産経新聞の報道で発覚したのだ。

債務を巡り、朝大の土地が総連関連企業の債務のため担保提供されたことを受け、都は認可基準に違反していると断定。ところが、その後、土地の売却益が関連企業の債務返済に充てられると、「違反はない」と一転し、改善命令すら見送った。「違反」のち「違反なし」――。

一体、都に何が起こったのか。

きっかけは、都が13年11月にまとめた「朝鮮学校調査報告書」だ。都は、朝大を運営する学校法人「東京朝鮮学園」（東京都北区）の教育や財務実態を調べ上げ、「朝鮮総連関係団体に経済的便宜を図るなど、朝鮮学園は準学校法人として不適正な財産の管理・運用を行っている」と断定した。つまり、総連のために朝大の資産を使うことを「不適正」と認定したのだ。

都私学行政課は、学園が小平市にある朝大のグラウンドを総連系物販企業の債務のため、担保に入れていたことを調査中の同年9月ごろまでに把握。慌てた同課は、すぐに学園側に抵当権の抹消を求めた。

担当課員による調査途中での是正要請は、調査報告書で朝大側が問題点を指摘されないようにするための「事前の配慮」と受け取られかねない。これは、学校のテストの最中に、先生（都）が正解を生徒（学園）に教えて正解を書くよう指示しているようなものである。

ただ、こうした私学行政課の〝老婆心〟を無視するかのように、学園は是正しなかったばかりか、14年までに、グラウンドを分割して売却してしまう。売却益のほとんどを、物販企業の債務返済用に使った。

このため、私学行政課は物販企業の借金を学園が事実上、肩代わりして債務弁済したことを「不適正」として問題視した。

15年11月、物販企業から朝大への返済を促したい都担当者と、学園の幹部が都庁内でひざをまじえる。

「この状況は是正されなくてはならない」「情報があれば都に提供する」のれんに腕押しだった。

17年2月にも同様の場が設けられたが、その時点でも是正されることはなかった。

総連と朝大が一心同体なのは明白だ。

私立学校法では「所轄庁は、学校法人の運営が著しく適正を欠くと認めるときは改善を命ずることができる」と規定している。

私学行政課は産経新聞の取材に対し、改善命令の適否について、「グラウンドは売却されたので認可基準には違反していない。物販企業が朝大に負債分を返済していない状態は適切であるとはいえないが、著しく適正を欠くとはいえないので命令しない」と主張している。

詭弁といえる苦しい言い訳ではないか。

都は法律で定められた改善命令の適用に及び腰になっているようだ。

これでは監督権者としての役割を、自ら放棄していると受け止められても仕方がない。都の適切な対応を望む納税者への〝裏切り〟とも言っていい。

正当性のアピールに必死

一方、総連・朝大サイドは16年以降、いろんな場で、都による認可の正当性を訴える展示を行ったり、パンフレットを配ったりするなど認可取り消しの動きを封殺しようと躍起になっていた。

同年11月の朝大学園祭の会場内には、お祭りムードにはそぐわない〝異様な一角〟があった。60周年記念特別展と銘打った政治宣伝のコーナーである。

そこには「ヘイトスピーチ」「民族教育弾圧」「朝鮮学校補助金支給問題」などのパ

ネルが展示されていた。参加者に配布されたパンフレットには、1968年に美濃部が朝大を各種学校として認可した正当性がアピールされ、「美濃部東京都知事の英断」の大見出しが躍っている。その内容を見てみたい。

都の認可までの過程については、こう書かれている。

《東京都当局は、度重なる認可申請にもかかわらず、6年近く受理すら拒否し、1966（昭和41）年にようやく申請を受理した後も1年以上「棚ざらし」の状態に置きました。東京都当局が認可手続きを進めなかった大きな理由は、日本政府が1965（昭和40）年12月に出した「朝鮮学校を各種学校として認可してはならない」との文部省（当時）事務次官通達の意向に従っていたからです。この通達には朝鮮学校を治安の対象とみなし、民族教育を否定し、在日朝鮮人の子どもたちを同化教育の下に追いやろうとする日本政府の政策的意図が反映されていました》

パンフレットには学者、文化人、俳優ら

繰り返しになるが、こうしたときに〝救世主〟のごとく登場したのが美濃部である。それを後押ししたのが、日本の一部政治家、学者、文化人、芸能人たちだった。

朝大のパンフレットに戻ってみよう。

《このような不当で差別的な対応は、当時、多くの良識ある日本の人々の間で大きな反発を招き、在日朝鮮人の民族教育の権利を保障し、朝日友好と親善を促進し、学術・文化・スポーツ交流を深めるためにも、朝鮮大学校の認可は当然のことだとする日本国民の世論が高まってゆきました。2000名以上の著名な学者、教育者、文化人たちが朝鮮大学校の認可を求める署名運動に参加……》

《日本全国の40校の大学学長および教授、日本学術会議会員など1万1000人の学者、文化人などの要請署名と約280の地方自治体議会の支持決議……大学学長・前学長50名による「朝鮮大学校認可問題についての声明」（1967年10月27日）には「私たちは全朝鮮の国民との将来にわたる友好親善のために、在日朝鮮人の基本的人権であり民族的権利である民族教育が保障されるよう、朝鮮大学校の認可が速やかに実現されることを心から期待するものであります」と記されています》

この後の文章には、有名作家や俳優、女優、写真家などが実名で記されているが、「いまさら〝古い証文〟を持ち出されても……」と迷惑がる人もいるのではないか。

何しろ当時は、「左」からの風がビュンビュンと吹き荒れていた時代である。資本主義に対する社会主義優位の神話が語られ、各種経済指標でも、まだ北朝鮮が韓国を上回っていた（逆転は1970年代以降）。

厚いベールに包まれた北の国を「地上の楽園」と信じ込まされていたのだ。実際にはそのころ、金日成・金正日父子によって、血なまぐさい権力闘争や粛清が行われていたのだが……。

いずれにせよ、総連・朝大が〝古い証文〟を持ち出さねばならぬほど、朝大の認可見直し問題に対しては、危機感が強いということだろう。このパンフレットだけではない。この時期には、立て続けにブックレットや出版物を作り、〝認可の正当性〟を懸命にアピールしている。もし認可が取り消されれば、免除されている固定資産税の減免措置などがなくなり、ただでさえ厳しい学校財政が、破綻のピンチを迎えてしまう。

《朝鮮大学校は、今後も「同胞大学、民族大学、国際大学」として、みずからの「オンリーワン」としての価値と強みをいっそう洗練・強化させつつ、日本の大学との教育交流をより拡大し……学生たちが朝鮮と日本の友好と親善の架け橋として未来へはばたけるように……今後とも、日本の各界各層の広範な日本国民の支持と支援を心から願うものであります》

パンフレットはこう結んでいる。

多くの在日コリアンや朝大生は、実際にそう思っているのかもしれない。だが、朝大を現実的に支配している北朝鮮や総連が、そう考えているとは到底思えない。

核・ミサイルによる国際社会への恫喝をますますエスカレートさせ、国際空港という公共の場で、猛毒のVXをまき散らすというテロ事件への関与も濃厚だ。ましてや、儒教的倫理観にあるまじき「尊属殺人」を、どう釈明するのだろうか。

こうした行為を平気で行う無法国家の独裁者であり、反日・反米を訴える北朝鮮の朝鮮労働党委員長・金正恩ら一族へ絶対忠誠を誓わせ、朝鮮労働党の政策に従わせる教育は、現在も何ら変わっていないのだ。

「友好と親善」の文句も、むなしく響くばかりではないか。

東京都は何を考えているのか

監督官庁である東京都は、許認可はもちろん、学校法人の解散を命じることもできる。

朝大認可見直し問題が浮上してきた現在、自身が不適正な運営をしていると断じた朝大を、都はどう思っているのか。

都私学行政課長の吉原宏幸が2017年2月、産経新聞のインタビューに応じた。その内容からは、翻弄されるばかりで監督ができない「非力な都」の実態が浮き彫りになっている。

一問一答は次の通り。

■改善命令、念頭になし

――知事の小池百合子は16年9月、朝鮮学校が朝鮮総連の強い影響下にあると結論づけた13年の都調査報告書を、HPに再掲載するよう私学行政課に指示した。いつの間にHPから削除したのか。

「報告書については、13年11月に都生活文化局HPで公開してから2年以上が経過し、都民への広範な周知や速報性といった意義はおおむね達成されたと考えた。16年2月のHPリニューアルに伴う全体構成の見直しの中で、いったん掲載を終了することとした。同年9月、貴重な資料であるとの知事判断により、改めて掲載することとした」

――北朝鮮による拉致被害者家族会と拉致問題解決に取り組む「救う会」は17年2月、

朝大の各種学校認可取り消しを求める運動方針を決めた。どう応えるか。

「方針は承知していない。現状において、学校閉鎖命令や学校法人解散命令の適用が必要な事態が生じているとは考えていない」

——都が、総連関連企業の債務を肩代わりした朝大を運営する東京朝鮮学園の不適正な運営を認定したにもかかわらず、私立学校法に基づく命令を怠っているのはなぜか。

「14年4月2日、私立学校法の一部を改正する法律が公布・施行され、学校法人の運営が法令に違反又は著しく不適正な状態に陥っているときに、所轄庁は必要な措置をとるべきことを命ずることができる措置命令の規定が整備された。文部科学省の通知によると、措置命令は、学校法人の運営が法令に違反または著しく不適正な状態に陥っており、自主的な改善が望めない学校法人に対して行うことが想定されている。法令違反や不適切な運営が行われているからといって、必ず直ちに措置命令を行うというものではない。

この件については、都の指導に基づき、学園において改善措置が講じられ、認可基準に違反する著しく適正を欠く状態ではなくなっている。措置命令の段階にない」

■弁済額の回答拒否

——朝大の土地が、朝鮮総連関連企業の債務として担保提供されたため、都は認可基準に違反していると断定した。ところが、土地の売却益が関連企業の債務返済に充てられると、「違反はない」と考え方を一転した。なぜか。

「基本財産である校地を第三者の負債のために担保提供することは、都の準学校法人設立認可基準、準学校法人設立認可取扱内規に抵触している。また、学園が担保提供に止まらず、当該学校法人が資金を支出して当該第三者の負債を弁済することは、学園から第三者に対する経済的な便宜供与であり、公益性が求められる準学校法人として不適正である。

前段の事項については、その後、学園が校地を売却、担保抹消したため、認可基準違反は解消している。後段の部分については、都の認可基準に規定がないため、認可基準違反とはいえないが、準学校法人として不適正であると考える。考え方を一転したわけではない」

——担保提供時の校地の不動産評価額はいくらか。校地の所有者はだれで、面積はどのくらいか。弁済はいくらで、いつ、だれがしたのか。第三者の企業名、職種は何か。

都が「不適正」と判断する学園の借金肩代わり額はいくらか。校地の売却額はいくらか。

「調査報告時点で、（校地の）第2グラウンドの所有者は学園であり、面積は9968平方メートル。弁済の相手方は株式会社整理回収機構（RCC）。第2グラウンドの売却については、校地変更届を14年7月に収受し、確認している。それ以外については、把握していない事項または法人などの内部管理に関する事項などであるため、回答できない」

――不適正な運営に配慮する都の対応は、どうしたら改善されるか。

「都として、不適正な運営に配慮した対応は行っていない。学園と債権者との交渉の結果として、学園がグラウンドを任意売却し、当該第三者の債務の一部を代位弁済した旨、学園から報告を受け、校地変更届（当該グラウンド部分の減少）を受理するとともに、代位弁済した求償債権の状況について確認を継続している」

■朝大への配慮否定

――都は学園が朝大のグラウンドを関連企業の債務のため、担保に入れていたことを調査中の13年9月までには把握した。私学行政課はこの際、学園側に抵当権の抹消を求めた。担当課員による調査途中での是正要請は、調査報告書で朝大側が問題点を指摘されないようにするための「事前の配慮」と思われても仕方がない。

「朝大のグラウンドが第三者の負債のために担保提供された事態が発覚した03年以降、都は補助金を減額するとともに、学園に対して担保を抹消するように継続した指導を行ってきた。また、当該グラウンドは、12年8月に競売が申し立てられ、学園が自ら当該第三者の債務を弁済するなどの事態に陥ったことについても、13年9月に文書による改善指導を実施した。

都は、補助金交付の当否を判断するにあたり実施した調査で判明した不適正な財産の管理・運用について、同年9月に学園に対して、文書による改善指導を行った。これに対する学園からの回答書の内容も含めて、調査報告書に記載している。事前の配慮ではない」

――結局、都は、朝大による借金の肩代わりを通じて、朝鮮総連との不適正な関係を深化させていることを知りながらも、「違反」から「違反なし」に転換。揚げ句、朝大に対し、新たに行政指導を行う気概もなければ、法律で定められた改善命令の適用にも及び腰になっている。これでは監督権者としての役割を自ら放棄していると受け止められても仕方がないのではないか。

「所轄庁として必要な指導は行ってきている」

――15年11月、関連企業から朝大への返済を促したい都担当者と、学園の幹部が都庁内で会った。何をしたのか。

「都は学園に対し、当該企業からの返済について、動きがあった場合の情報提供を口頭で依頼した。状況確認は適宜、行う」

■小池知事が状況確認指示

――知事の小池から、朝大の監督官庁としての責務や対応に関する具体的な指示はあったか。

「調査報告書のＨＰへの再掲載、および調査報告書に記載した事項のその後の状況確認について、適切に行うよう指示を受けている」

――何を行うのか。

「都として、今後も引き続き状況確認を継続するなど、適切な法人運営が行われるよう学園を指導していく」

――いつするのか。

「状況報告を待っている。17年2月にその後の状況を聴いた。取り組み状況を確認した」

――具体的にいつ聴いたのか。

「相手側もあるので」

――回答はあったか。

「それは、まだない」

――期限は。

「それは（都庁内で議論する）中の話だ」

――回答はいつ得られるのか。

「求めているという状況だ」

――相手は誰か。

「学園に対して、ということだ」

――誰が学園側の担当者に会うために行ったのか。

「それも中の話だ。都として（会いに）行った」

――借金の肩代わりが解消されたかどうか分からないままか。

「そうだ」

――これまでに、朝大の運営に関わる都に対して都議会議員、朝鮮総連、学園関係者から何らかの働きかけがあったか。

「朝大については特にない」

■美濃部の認可は「適法」

――美濃部亮吉が１９６８年、都知事として朝大を各種学校として認可した。適切だったか。

「設置認可申請に対し、法令などに基づく審査、私学審議会への諮問を経て知事が認可決定を行った。手続きは適法に行われたものと認識している」

――朝大は以降、固定資産税が免除され、数々の税制上の優遇措置を享受してきた。これまでに優遇された金額はいくらか。

「当方には、そうしたものは存在しない」

――文部省（当時）は、65年に朝大など朝鮮学校について、「各種学校として認可すべきでない」との次官通達を出した。それにもかかわらず、美濃部が各種学校として認可したのは適切だったか。

「当時の知事の判断と手続きは適法に行われたものと認識している」

――「朝鮮大学校設置認可申請書」（67年8月25日付、申請者・東京朝鮮学園）に、朝大が建つ小平市のキャンパスの土地が、共立産業が地主から譲り受けたものだったとする登記記録がある。当時の地主らは共立産業が「トランジスタ工場を建設する」と言いはやしたので土地を売った。適切だと思うか。

「朝大の校地は、共立産業からの寄付及び借地権譲渡により取得されており、都は登記簿謄本や寄付申込書などを審査した上で認可している」

――2016年度時点で、朝大学長の張炳泰は、北朝鮮の国会議員にあたる最高人民会議代議員も務めている。同会議は、核開発を主導した金正日、正恩親子を絶対視している。代議員を兼ねることは認可関連の規則に抵触しないか。

「最高人民会議代議員を兼ねることが、抵触しているとはいえない。現状において、学校閉鎖命令や学校法人解散命令の適用が必要な事態が生じているとは考えていない」

総連・朝大の一連の「反論工作」からは焦りもうかがえる。

やはり、東京都側の対応を気にしているのだろう。

小池が16年9月、朝大と総連関連企業の関係を、不適正と断じた都の朝鮮学校調査結果をHPで復活させた件は、総連・朝大サイドに衝撃を与えた。実際、朝大の成り行きに不安を覚えた総連は、認可取り消しの動きに対抗するため、内部で緊急対策会議を開催し、組織の引き締めに躍起になっている。

朝大は、都が不適正な運営と断定しているにもかかわらず、対外的に認可の正当性を主張し続けてきた。

結局、都は朝大の土地が総連関連企業の債務として担保提供され、土地の売却益が関連企業の債務返済に充てられたまま2019年秋を迎えてしまった。都は18年度に4回以上も、この借金の肩代わりを止めるよう学園側に求めてきたが、実現できなかった。各種学校としての朝大認可取り消しの気運も都庁内ではなかなか高まらない。

小池は今一歩踏み出せずにいる。

政府内では、こうした朝大の動きを見守るだけの都の態度について、「そのこと自体が問題だ」(政府関係者)との懸念も示されている。

北朝鮮が無法国家ぶりを示せば示すほど、総連が反論キャンペーンをアピールすればするほど、綻びも見えてくる。朝大包囲網は今後、着実に狭まっていく。

おわりに

朝鮮大学校や朝鮮総連は、産経新聞の取材に決して応じないことは最初に書いた。「取材は受けない」「担当者がいない」「答えない」「難しい」「応じられない」……。

産経新聞記者が両組織に取材を申し込むと、返ってくる決まり文句だ。

だが、「自壊」が進む組織の中には、産経新聞の取材に進んで応じようとする人もいる。「真実」を知らせることこそが、総連・朝大の正常化や在日コリアン社会のためになる、と断言した人も少なくない。こうした多くの関係者の貴重な証言によって、本書を書くことができた。

北朝鮮に赴任経験がある第三国の外交官は、「金日成主席ら金一族は代々、国内外に内実が伝わらないように支配体制の動向を霧のように覆い隠して政権を維持してきた」と述懐していた。このため、赴任中であったのにもかかわらず、本国からの連絡で数カ月前の北朝鮮内の出来事を知ったことがあったという。総連にも北朝鮮と似通う体質があるのかもしれない。

実際、取材を進めると「朝大がなくなれば、朝鮮総連幹部が育成できないので総連もなくなる」「朝大は北朝鮮のスパイ育成機関でもある」「朝鮮総連の集金力は侮れない」「今や北朝鮮に対する集金マシンとしての総連の価値はほとんどない」「総連は、北朝鮮が韓国に行う対南工作の拠点として活発に活動中だ」など関係者の証言は千差万別。朝大と朝鮮総連の素顔は、厚いベールで覆われているのだ。

マスコミの取材に初めて応じた朝大卒業生は、金一族を絶対視した思想教育の強要や非公然活動の実態を、赤裸々に語ってくれた。東京都が1968（昭和43）年、「各種学校」として認可し、税制優遇措置を施した朝大の財政基盤強化に寄与した歴史的経緯をはじめ、北朝鮮と総連による水面下の動向も露見させた。幾重にも包まれたベールを、少しははぎ取れたと自負している。

本書の取材・執筆、出版にあたっては、多くの総連・朝大関係者をはじめ、産経新聞社の小林毅取締役、乾正人東京本社編集局長（いずれも当時）、産経新聞出版の星野俊明氏らにも支えられた。この場を借りて感謝の気持ちを表明したい。

2017年5月

産経新聞取材班　喜多由浩　比護義則

《資料編》

■朝鮮大学校60年の歴史
■在日本朝鮮青年同盟（朝青）規約
■在日本朝鮮人総連合会（朝鮮総連）綱領
■朝鮮高級学校（高校）の生徒手帳（2001学年度）抜粋
■朝鮮大学校の学部・学科・専門科目
■朝鮮大学校のクラブ活動
■朝鮮大学校の主要施設

朝鮮大学校60年の歴史

年	出来事
昭和31（1956）年	4月10日、東京都北区十条の「東京朝鮮中高級学校」内で創立。教職員10人余、在校生60人余で、2年制として始まる。
33（1958）年	2年制から4年制となる。
34（1959）年	東京都小平市の現キャンパスへ移転する。約2万坪の敷地は、「共立産業」というダミー会社がトランジスタラジオ工場を建設するという触れ込みで、地元農家らから買い集めた。校舎は昭和37年度の日本建築年鑑賞を受賞。 《北朝鮮への帰国事業スタート。昭和59年までに9万3000人の在日コリアン、日本人配偶者・子供が北へ渡り、塗炭の苦しみを味わう》
39（1964）年	図書館、講堂竣工。
42（1967）年	文・歴史地理・政治経済・理・（師範）教育の5学部体制に。 工学部を設置。 《金日成首相の絶対化とともに、朝大の科目も「革命歴史」などとすべてが関連付けられる》
43（1968）年	美濃部亮吉知事（当時）の都政下で「各種学校」として認可。 《北朝鮮本国と連動した総連内部の激しい権力闘争の嵐が朝大へも波及》 朝鮮語研究所設置。
45（1970）年	外国語学部設置。

47(1972)年	金日成首相(当時)の還暦祝いのために、朝大生200人が帰国事業に参加して北朝鮮へ送られる。
49(1974)年	研究院(大学院のような組織)、民族教育研究所設置。
57(1982)年	政治経済学部経営学科が経営学部に昇格、社会科学研究所新設。
	《在校生数がピークの約1500人》
平成11(1999)年	政治経済学部に法律学科を新設、師範教育学部を「教育学部」に改称し教育学科を4年制と3年制に改編。
15(2003)年	短期学部を新設、文学部と歴史地理学部を統合して文学歴史学部に改称。現在の8学部体制に。
16(2004)年	単位制を導入。
19(2007)年	蹴球(サッカー)部が東京都大学サッカーリーグ優勝、関東大学サッカーリーグ(2部)に昇格。
	朴庸坤元副学長がNHKの番組で、朝大生200人を帰国事業で北朝鮮へ送った秘密を明かし、すべての称号・肩書を剥奪される。
28(2016)年	創立60周年。
	《この時点で在校生約600人、卒業生約1万7000人》
30(2018)年	韓東成氏が学長就任。
令和元(2019)年	教育学科が全て4年制へ。

《在日本朝鮮青年同盟（朝青）規約》

第一章　在日本朝鮮青年同盟

第一条　本組織は、在日本朝鮮青年同盟（略称＝朝青）と称する。

朝青は、思想、政見、信仰および職業の如何を問わず、在日本朝鮮人総連合会（朝鮮総連）の綱領と朝青規約を支持賛同する各界各層在日朝鮮青年を網羅した大衆的・民主主義的組織である。

朝青は、愛族愛国の旗印の下に在日朝鮮青年学生を朝鮮民主主義人民共和国の周りに堅く結束させて、在日同胞の民族的権利を擁護し、主体偉業の継承完成のために献身することを基本任務とする。

朝青は、朝鮮民主主義人民共和国政府の政策を謹んで承り、在日本朝鮮人総連合会の綱領を固守し、総連の諸般決定執行の先頭に立つ。

朝青は、在日朝鮮青年学生たちが主体の世界観をしっかりと樹立して、真の愛族愛国思想で武装するための様々な形態の教養事業を幅広く体系的に行う。

　朝青は、在日朝鮮青年学生たちのなかで民族の魂である我が言葉と文字を守って、正しく学んで使い、民族文化を発展させて五千年単一民族の成員としての悠久の歴史を習得し、在日同胞社会の和睦と団結、相互扶助の美風を高める。

　朝青は、在日朝鮮青年学生たちの民族的尊厳を守り「朝日平壌宣言」にしたがって国際法で公認された合法的権利を完全に行使し、あらゆる民族的差別や迫害行為に反対する。

　朝青は、六・一五北南共同宣言の原則のもとに全ての在日朝鮮青年たちの民族的団結を築き、北と南、海外同胞青年たちとの民族の絆を強化発展させて、あらゆる反統一勢力の策動を断固排撃し、連邦制方式による祖国の自主的平和統一を成し遂げるために全ての力を尽くす。

　朝青は、社会主義祖国を熱烈に愛し擁護して、祖国の科学技術発展に積極的に貢献して我が国・我が祖国の富強発展のために献身する。

　朝青は、朝日両国の国交を正常化して真の善隣関係者に発展させるために努力し、自主・平和・親善の理念の下で世界進歩的青年たちとの国際的連帯を強化する。

　朝青は、世界民主青年連盟に加盟する。

　朝青は、自身の全ての活動を総連の指導の下で行う。

第二章　朝青員の義務と権利

第二条　朝青員には、朝青規約を承認してその実現のために献身し、朝青の一定の組織に所属して組織の決定や与えられた任務を積極的に実践しようとする満十五歳から満二十八歳までの在日朝鮮青年なら誰でもなれる。満二十八歳を超える朝青員が継続して朝青員として生活することを望む場合は一定の期間延長することができる。

第三条　朝青に加盟する手続きは次のとおりである。

①朝青に入ろうとする青年は加盟書を該当する朝青班に提出しなければならない。

②加盟は班総会（あるいは班委員会）が決定し、該当する支部常任委員会の承認を受けた後にその効力が発生する。班総会（あるいは班委員会）は加盟申請者の加盟を決定した後、その加盟書を支部に送り、支部では加盟書を大切に保管して県（都道府）本部に文書で報告する。県（都道府）本部はこれを中央委員会に文書で定期的に報告しなければならない。

③加盟年月日は班総会（あるいは班委員会）で加盟を決定した日付にする。

第四条　朝青員の移動手続きは中央委員会が指定した規定によって行われる。

第五条　朝青員の義務は次のとおりである。

①朝青員は、共和国政府の路線や政策、それを具現した総連の決定を深く学習して先頭に立って擁護貫徹し、広く解説宣伝しなければならない。
②朝青員は、祖国の栄光ある愛国伝統を研究体得して擁護・継承・発展させなければならない。
③朝青員は、祖国を熱烈に愛し、主体社会主義祖国を内外反動たちの策動から力強く擁護するために献身しなければならない。
④朝青員は、常に共和国の海外青年としての栄誉と矜持を持って、我が言葉と文字を正しく学び使うようにしなければならない。
⑤朝青員は、民族の悠久な歴史や文化・美しい道徳風習を習得することで、組織と集団・同志を慈しみ、礼儀正しく素朴に生活しなければならない。
⑥朝青員は、祖国の富強発展のために自身の政治・経済・文化・科学・技術水準を高め、身体を不断に鍛錬しなければならない。

⑦朝青員は、朝青組織生活や同盟会議に積極的に参加し、組織から与えられた任務や分担を誠実に遂行しなければならない。
⑧朝青員は、組織の規律を自覚的に守り、加盟員たちの活動や生活に表れる欠点や自身の欠点をお互いに助け合いながら大胆に直さなければならない。
⑨朝青員は、民族的自主意識を高め、民族性を活かしていくために日常的に活躍して、同胞青年たちを朝青活動に引き入れるために努力しなければならない。
⑩朝青員は、六・一五北南共同宣言の旗印のもと、祖国の自主的平和統一のために献身しなければならない。
⑪朝青員は、朝日平壌宣言に従って在日朝鮮人の地位を高め、在日同胞青年たちの全ての民主主義的民族権利と利益を擁護するために献身しなければならない。
⑫朝青員は毎月盟費を納め、朝青中央委員会の機関紙や祖国の新聞・雑誌・書籍を読んで学習しなければならない。
⑬朝青員は、少年団員たちの学習や少年団活動の面倒を日常的に見なければならない。
⑭朝青員は、内外の敵の策動から総連組織を堅く守らなければならない。
⑮朝青員は、日本人民や青年たちとの親善団結を強化して、彼らから尊敬され信頼を受けなければならない。

第六条　朝青員の権利は次のとおりである。
①朝青員は、朝青会議や出版物を通じて朝青活動のあらゆる問題討議に自由に参加できる。
②朝青員は、朝青組織内において選挙権と被選挙権を与えられる。
③朝青員は、朝青会議で正当な理由や根拠がある限り、どのような朝青員・朝青指導機関をも批判することができる。
④朝青員は、自身の活動や生活についての問題を討議決定する朝青会議に参加することを要求することができる。
⑤朝青員は、中央委員会にいたるまでの朝青各級機関のあらゆる問題に関する訴えや意見を提出することができる。

第七条　朝青は朝鮮民主主義人民共和国の政策を承り、総連決定を積極的に執行することで、朝青活動や生活で模範を示した朝青団体や朝青員を表彰する。

第八条　朝青規約に違反し過ちを犯した朝青員に対しては、その軽重によって警告・謹慎・退盟の責罰を適用することができる。朝青員に対する責罰、特に退盟の決定は、過ちを犯した動機や過誤の本質を具体的に調査究明した後に、慎重にしなければならない。朝青員が正当な理由なく6カ月以上朝青活動をしないで、朝青盟費を納めない場合は班総会（あるいは班委員会）で退盟させることができる。

第九条　朝青員に適用する責罰は原則的に本人参加の下、彼・彼女が属した班総会（あるいは班委員会）で決定し、支部・県（都道府）本部執行委員会が批准し、退盟は中央委員会が決定する。中央委員会はそれに対して中央大会の批准を受けなければならない。責罰は当会議参加者の三分の二以上の賛成で決定する。

第十条　朝青中央委員および候補中央委員会に対する責罰は中央大会と中央委員会で決定し県（都道府）本部や支部執行委員および班委員に対する責罰は当大会および執行委員会（あるいは総会）で決定する。

朝青各級団体は朝青上級委員会および候補委員が朝青規律を違反するとか道徳的に浮華な行動をした場合、それに対する意見を朝青上級委員会に提議することができる。

第十一条　朝青中央委員会は退盟された朝青員の朝青生活を再び回復させることができる。復盟した朝青員の朝青活動年期は以前と同じとする。

第十二条　朝青員の登録や移動は朝青中央委員会が作った規定に従っておこなう。

第三章　朝青の組織原則と組織構造

第十三条　在日本朝鮮青年同盟は民主主義中央集権制原則にしたがって組織する。

①朝青下級機関は朝青上級機関の決定を義務的に執行し、朝青上級機関は朝青下級機関の活動を日常的に指導する。

②朝青員は朝青組織に、小数は多数に、朝青下級機関は上級機関に、全ての朝青団体は朝青中央委員会に服従する。朝青の各級指導機関は民主主義的な選挙の方法によって構成される。

③朝青の各級指導機関は選出された団体や上部機関に対して活動報告を定期的に提出する。

第十四条　朝青の各級指導機関活動の基本は集団的指導である。

第十五条　各々の朝青団体は自分たちの地域問題を自立的に討議決定することはできるが、

規約および上級機関の決定と矛盾してはならない。

第十六条　朝青の各級機関の最高指導機関は次のとおりである。朝青の最高指導機関は大会で、大会と大会の間は大会が選挙した同盟中央委員会である。県（都道府）本部・支部機関の最高指導機関は該当する大会（総会）で、大会と大会のあいだは大会が選挙した該当機関の執行委員会である。

第十七条　朝青各級会議は会議に参加する全員の半数以上の参加によって成立し、会議においての決定は会議参加者の過半数の賛成が得られなければならない。但し、可否が同数のときには執行部が決定する。

第四章　朝青中央機関

第十八条　朝青の中央本部は東京都に置く。

第十九条　朝青の最高機関は大会である。但し、中央委員会が必要と認定したとき、あるいは県本部の三分の一以上の要求がある場合は臨時大会を召集することができる。中央委員会は大会の時日・場所および討議する問題を決定し、代議員の選出比率を規定する。

第二十条　大会の活動内容は次のとおりである。
①朝青中央委員会の活動総括報告を聴取・討議し、承認する。
②朝青の運動方針や諸般活動計画を決定し、予算を審議決定する。
③委員会・副委員長および中央委員を選出する。

第二十一条　朝青中央委員会は時期中央大会までの最高指導機関であり、中央常任委員会が招集する。中央委員会は一年に一回以上開催しなければならない。但し、中央常任委員会が必要と認定するか、あるいは中央委員会の三分の一以上の要求がある場合には、臨時中央委員会を招集することができる。候補中央委員は中央委員会において発言権だけを与えられる。

第二十二条　中央委員会は朝青を代表し、その義務は次の通りである。
①中央常任委員会の活動報告を聴取して、中央大会の決定に立脚して諸般の情勢に合った

当面の具体的な活動方針を決定し、各種審議案を討議決定する。
②朝青中央委員長・副委員長を選出し、中央常任委員会を構成する。
③中央大会を召集し、大会準備を推進する。

第二十三条　朝青中央常任委員会は委員長が招集し、次のような内容の活動を遂行する。
①中央大会や中央委員会の決定に依拠して朝青の諸般活動を日常的に組織し執行する。
②朝青中央委員会機関紙「新世代」と「朝鮮少年」を編集し発刊する。
③朝青の財政を管理する。

第二十四条　中央常任委員会に次のような部署を設ける。
総務部・民族権部・宣伝広報部・学生少年部・国際統一部・財政部。但し部署は必要によって増減することができる。

第二十五条　朝青常任委員会は直属出版社である朝鮮青年社の事業について日常的に指導する。朝鮮青年社は朝青中央委員会の機関紙および各種書籍等を出版普及する。

第二十六条　朝青は、関東・東北（北海道を含む）・北陸・東海・近畿・中四国・九州単位で、地方協議会を地方出身中央委員および県本部委員長で構成する。地方協議会は中央常任委員会が招集し、中央委員会の諸般決議事項を地方の実情に合うように進めるための協議をする。執行委員会の招集は年一回以上に修正する。

第二十七条　朝青中央委員会は青年たちの堅い団結の象徴となる朝青旗・朝青バッジを定める。

第五章　朝青県（都道府）本部団体

第二十八条　朝青は各県（都道府）と西東京に地方本部を設置し、朝鮮大学校・朝鮮新報社に朝青委員会を組織する。但し、中央委員会が活動上必要だと認めた場合はその他にも朝青委員会を組織する事ができる。朝青委員会は県本部と同等の権限を持ち、朝青中央委員会に直属する。

第二十九条　朝青県（都道府）本部大会は三年に一度、県（都道府）本部執行委員会が招集

する。県本部大会は地方の実情によって代議員制ではなく、全員参加制にすることができる。但し、朝青県（都道府）本部執行委員会管下の朝青員三分の一以上の要求あるいは中央委員会の必要によって臨時の県（都道府）本部大会を召集することができる。

第三十条　県（都道府）本部執行委員会は県（都道府）本部大会の招集・時日・場所および議事・日程を決め、大会代議員の選出比率を決定する。

第三十一条　県（都道府）本部大会の活動は中央大会の活動に従う。

第三十二条　県（都道府）本部執行委員会は一年に一回以上、県（都道府）本部常任委員会が招集する。

第三十三条　県（都道府）本部常任委員会の活動は中央常任委員会の活動に従い、県（都道府）本部常任委員会内の部署もまたそれに従う。県（都道府）本部常任委員会は定期的に自己活動報告書を中央常任委員会に提出しなければならない。

第六章　朝青支部団体

第三十四条　朝青支部団体は朝青の末端指導機関である。朝青支部団体は、総連支部機関のある居住地域（市区郡町村）に組織し、職場には職場支部を置くことができる。朝青支部団体の組織は朝青県（都道府）本部団体の批准を受ける。

第三十五条　朝青支部団体の大会は三年に一度とし、その活動は朝青県本部大会に準じる。

第三十六条　支部団体の執行委員会は一年に一回以上、支部常任委員会が招集する。支部執行委員会の任務は県（都道府）本部執行委員会の任務に準じる。支部常任委員会の任務とその内部部署も県（都道府）本部常任委員会に準じる。

第三十七条　朝青各委員会内には学科別・学年別あるいは部門別に支部を組織することができ、朝青支部団体と同等の権限を与えられる。

第三十八条　朝鮮高級学校（東京・神奈川・茨城・北海道・愛知・京都・大阪・神戸・広

島・九州）には朝青中央委員会の批准を受けて朝青朝高委員会を組織する。朝青朝高委員会は学校内の朝青活動に責任を持ち、該当する地方県本部に直属する。朝青朝高委員会は学年別に支部団体を組織することができる。

第七章　朝青の班

第三十九条　朝青班は、朝青の基層組織である。朝青班は、全ての朝青員たちを組織生活に参加させ指導する。朝青班は、各階各層青年大衆のなかで朝青決定を実践する執行単位である。

第四十条　朝青班は、総連分会のある地域に朝青員が三名以上いる場合に組織する。朝青各委員会や朝高委員会内には部門別あるいは学級別に班を設けることができる。朝青員が三十人以上の班には分組を置くことができる。分組は班委員会の幇助的組織である。また、中央団体・事業体内に朝青中央委員会の直属班を設ける。

第四十一条　朝青班の最高指導機関は班総会で、その任務は次のとおりである。総会は、班委員会が招集する。班総会は、班委員会の活動報告を聴取し、やるべきことを討議分担して、その実行状況を総括する。班総会は、新しく朝青に加盟する青年たちを受け入れる。班総会は、新しく朝青に加盟する青年たちを受け入れる。班総会は、班委員を選出し班委員会を構成する。班委員会は、班総会の決定を実行し、総連の決定や朝青上級団体の決定指示を研究して、成果的遂行へと朝青員たちを組織動員する。班委員会は、日常的に朝青活動を組織して、朝青員たちの組織生活を正常化するために活動する。班委員会は、班長と副班長および班委員若干名で構成する。班委員会は、一カ月に一回以上適期に行われるよう班長が招集する。

第四十二条　朝青班の任務は次のとおりである。

①朝青員や在日朝鮮青年たちに朝鮮民主主義人民共和国政府の諸般政策やその具現のための総連決定を解説宣伝し、執行すべく彼らを積極的に組織動員する。

②朝青員や在日朝鮮青年たちの学習を指導支援し、教養活動を多様な形態で組織進行する。

③朝青員や在日朝鮮青年たちの中で多様で健全な大衆文化・体育活動を広範に組織する。

④朝青員や在日朝鮮青年たちが健全な職場と職業を持ち、技術を習得するよう積極的に支援する。

⑤青年男女を朝青隊列に積極的に引き入れて、盟費を正確に収納する。

⑥朝青中央委員会の機関紙や「朝鮮新報」および祖国の雑誌・書籍を普及し、読者を獲得する。
⑦管下の青年たちを祖国の自主的平和統一を成し遂げるための闘争へと積極的に呼び起こす。
⑧青年および同胞との日常的な連携を強化し、要求や訴えを適期にきちんと解決してあげるなど、彼らの生活について常に深い関心を向けなければならない。
⑨管下にいる日本人民および日本青年大衆と親密に接触し、親善団結を強化するための各種交流活動を組織する。
⑩居住環境を常につつましく抜け目のないようにきりもりして、総連の所有物や各界各層の朝鮮人組織の共有物を愛護し、護っていくよう努力する。
⑪朝青員が規約上任務を誠実に遂行し、付与された権利を十分に行使できるよう保障する。

第八章　在日本朝鮮青年同盟と在日朝鮮学生少年団

第四十三条　朝青は、総連の指導の下に学校単位で組織された在日朝鮮学生少年団の活動を指導支援する。中央的な指導は総連中央の指導の下で朝青中央が担当し、都道府県単位での指導は総連本部の指導支援の下、朝青本部が担当する。

第四十四条　朝青団体は、少年たちを愛族愛国の精神を継ぐ、知徳体を備えた頼もしい働き手として準備させるために常に関心を向けなければならない。

第四十五条　朝青団体は、少年たちの学習や生活に対して常に関心を向けなければならない。

第九章　盟費

第四十六条　朝青員は、毎月一〇〇〇円の盟費を納めなければならない。但し、朝青朝大委員会の盟員は七〇〇円、各朝高委員会の盟員は三〇〇円とする。

第四十七条　朝青に加盟する時の加盟費は一〇〇〇円とする。但し、朝青朝大委員会の盟員は七〇〇円、各朝高委員会の盟員は三〇〇円とする。

付則

第四十八条　本規約は一九五五年八月二日から実施する。

（略）

第六十七条　本規約は二〇〇七年六月二十四日　その一部を修正して実施する。

二〇一一年八月一日

（「北朝鮮帰国者の生命と人権を守る会」提供・翻訳）

《在日本朝鮮人総連合会（朝鮮総連）綱領》

一、われわれは、愛族愛国の旗じるしのもとに、すべての在日同胞を朝鮮民主主義人民共和国のまわりに総結集させ、同胞の権益擁護とチュチェ偉業の継承、完成のために献身する。

二、われわれは、民主主義的民族教育を強化・発展させ、広範な在日同胞子弟を、民族性を所有し知徳体を兼備した有能な民族人材、真の愛国者に育てる。

三、われわれは、在日同胞が民族の尊厳をもち、母国の言葉と文字、文化と歴史、風習をはじめとする素養をもつようにし、同胞社会において民族性を守り発揚させる。

四、われわれは、仲睦まじく豊かで力強い同胞社会をつくるために、在日同胞の中で相互扶助の美風を高め、同胞の経済活動を助け、生活奉仕と福祉事業を繰り広げる。

五、われわれは、朝日平壌宣言にのっとり、在日朝鮮人の地位を高め、すべての民主主義的民族権利と国際法において公認されている合法的権利を完全に行使するようにし、あらゆる民族的差別と迫害行為に反対する。

六、われわれは、六・一五北南共同宣言の旗じるしのもとに、在日同胞の民族的団結と北と南、海外同胞とのきずなを強化・発展させ、反統一勢力を排撃し、連邦制方式による祖国の自主的平和統一を成就するために全力をつくす。

七、われわれは、朝鮮民主主義人民共和国を熱烈に愛し擁護し、合弁・合作と交流事業を経済、文化、科学技術の各分野において強化し、国の富強発展に特色のある貢献をする。

八、われわれは、日本人民との親善と連帯を広げ朝日国交正常化の実現と真の善隣関係の発展のために努力し、自主、平和、親善の理念のもとに世界の進歩的人民との国際的連帯を強化する。

《朝鮮高級学校（高校）の生徒手帳》２００１学年度から抜粋

Ⅰ．生徒規則

生徒たちは、偉大な首領金日成大元帥さまが開拓し、敬愛する金正日元帥さまが継承完成していく、主体偉業や総連愛国偉業の代を継いでいかねばならない、未来の主人公である。生徒たちは自身の本分を深く心に刻んで、学習に熱心に取り組み、朝青・少年団組織生活にも誠実に参加しなければならない。そうして知徳体を兼備した有能な民族人材、真の愛国者として立派に準備するであろう。

1　生徒たちは、偉大な首領金日成大元帥さまの教示や敬愛する金正日元帥さまのお言葉を深く学んで、その志を自分の骨身に刻み、元帥さまに限りなく忠実な息子・娘にならなければならない。

2　生徒たちは、偉大な首領金日成大元帥さまと敬愛する金正日元帥さまの幼い頃、栄光燦爛たる革命歴史について深く学び、我が国の革命伝統や総連の愛国伝統を代を継いで輝かせて行かなければならない。

3　生徒たちは、敬愛する金正日元帥さまに対する信念、社会主義祖国に対する信念を胸に深く抱いて、社会主義四国を熱烈に愛し、祖国の自主的平和統一を早めるための活動に積極的に貢献しなければならない。

Ⅱ．生徒生活準則

1 生徒は、学校で次のように生活しなければならない。

△授業前

（1）学校では必ず正門を通過し、偉大な首領金日成大元帥さまや敬愛する金正日元帥さまの肖像画の前を歩くときは、静かにそして丁重に通り過ぎる。

△課外時間

（1）授業が終わったら、次のような活動に参加しなければならない。

① 偉大な首領様の教示や敬愛する元帥様のお言葉学習に、熱心に参加しなければならない。

② 「金日成大元帥革命歴史研究室」、「金日成大元帥革命活動研究室」の運営計画に従って行われる研究集会に、誠実に参加しなければならない。

③ 少年団および朝青組織生活に真面目に参加して、組織から与えられた任務を着実に遂行しなければならない。

（4）当番は授業が終わったらすぐに掃除をして、先生の点検を受けてから帰らなければならない。教室の掃除は次のようにする。
①偉大な首領金日成大元帥さまと敬愛する金正日元帥さまの肖像画を、真心をこめて拭き、常に清潔に保つ。
△寄宿舎生は日常生活において、次のようなことを守らなければならない。
（4）部屋を次のように整えなければならない。
①偉大な首領金日成大元帥さまや敬愛する金正日元帥さまの肖像画を丁重に飾る。
（「北朝鮮帰国者の生命と人権を守る会」提供）

《朝鮮大学校の学部・学科・専門科目》

■政治経済学部
（政治経済学科・3年次から哲学、政治学、経済学コースに▽法律学科・同弁護士、司法書士、行政書士コース）
【専門科目】主体哲学、在日朝鮮人研究、朝鮮政治論など
■文学歴史学部
（語文学科▽歴史地理学科）
【専門科目】在日朝鮮文学、朝鮮近代史、朝鮮文化史など

■経営学部
（経営学科・3年次から経済分野、会計分野、経営分野、法律分野）
【専門科目】朝鮮経済論、同胞経済研究、国際金融論など
■外国語学部
（英語学科▽日本語学科・3年次に平壌外国語大学へ短期留学）
【専門科目】日本文学講読、時事英語、英米文学史など
■理工学部
（理学科・数学、物理学、化学、生物学各専攻▽電子情報工学科）
【専門科目】原子核物理学、応用数学、半導体工学など
■教育学部
（教育学科▽保育科▽音楽科▽美術科）
【専門科目】朝鮮歴史、朝鮮舞踊、現代朝鮮音楽史概論など
■体育学部
（体育学科）
【専門科目】朝鮮体育史、民族体育、体育政策など
■短期学部（2年制）

（生活科学科▽情報経理科）

【専門科目】　美容科学、生活経済、簿記論など

◇研究院（大学院のような組織）

《朝鮮大学校のクラブ活動》

空手道▽サッカー▽ラグビー▽ボクシング＝以上強化指定クラブ▽バレーボール▽バスケットボール▽新体操▽テコンドー▽舞踊▽民族管弦楽▽吹奏楽▽プンムルノリ民族打楽器▽演劇▽声楽▽講堂スタッフ▽映像編集サークル▽鳥類繁殖サークル▽軽音楽団「セナル」

《朝鮮大学校の主要施設（敷地2万坪）》

グラウンド（人工芝・ナイター設備）▽体育館▽講堂▽図書館▽事務棟▽研究棟▽記念館（朝鮮歴史博物館・朝鮮自然博物館）▽食堂▽寄宿舎（1～8号館）

（いずれも朝大「LINKS!」より）

本書は、産経新聞に連載された「朝鮮大学校　60年の闇」（２０１６年　5月5日～12月10日）に取材を加えて大幅に加筆し、再構成したものです。

単行本　平成二十九年六月　産経新聞出版刊

装　幀　伏見さつき
DTP　佐藤敦子
写　真　産経新聞社

産経NF文庫

朝鮮大学校研究

二〇一九年十二月二十一日　第一刷発行

著　者　産経新聞取材班

発行者　皆川豪志

発行・発売　株式会社　潮書房光人新社

〒100-8077　東京都千代田区大手町一-七-二

電話／〇三-六二八一-九八九一(代)

印刷・製本　凸版印刷株式会社

定価はカバーに表示してあります

乱丁・落丁のものはお取りかえ致します。本文は中性紙を使用

ISBN978-4-7698-7018-0　C0195

http://www.kojinsha.co.jp

産経NF文庫の既刊本

日本が戦ってくれて感謝しています

アジアが賞賛する日本とあの戦争

井上和彦

インド、マレーシア、フィリピン、パラオ、台湾……日本軍は、私たちの祖先は激戦の中で何を残したか。金田一春彦氏が生前に感激して絶賛した「歴史認識」を辿る旅――涙が止まらない！感涙の声が続々と寄せられた15万部突破のベストセラーがついに文庫化。

定価〈本体860円＋税〉 ISBN978-4-7698-7001-2

日本が戦ってくれて感謝しています2

あの戦争で日本人が尊敬された理由

井上和彦

第1次大戦、戦勝100年「マルタ」における日英同盟を序章に、読者から要望が押し寄せたインドネシア――あの戦争の大義そのものを3章にわたって収録。日本人は、なぜ熱狂的に迎えられたか。歴史認識を辿る旅の完結編。15万部突破ベストセラー文庫化第2弾。

定価〈本体820円＋税〉 ISBN978-4-7698-7002-9

産経NF文庫の既刊本

国会議員に読ませたい 敗戦秘話
政治家よ! もっと勉強してほしい
産経新聞取材班

敗戦という国家存亡の危機からの復興、そして国際社会で名誉ある地位を築くまでになったわが国――なぜ、日本は今、繁栄しているのか。国会議員が戦後の真の歴史を知らずして、この国を動かしているとしたら、日本国民としてこれほど不幸なことはない。

定価〈本体820円+税〉 ISBN978-4-7698-7003-6

総括せよ! さらば革命的世代
50年前、キャンパスで何があったか
産経新聞取材班

半世紀前、わが国に「革命」を訴える世代がいた。当時それは特別な人間でも特別な考え方でもなかった。にもかかわらず、彼らは、あの時代を積極的に語ろうとはしない。彼らの存在はわが国にどのような功罪を与えたのか。そもそも、「全共闘世代」とは何者か?

定価〈本体800円+税〉 ISBN978-4-7698-7005-0

産経NF文庫の既刊本

金正日秘録 なぜ正恩体制は崩壊しないのか

龍谷大学教授 李 相哲

米朝首脳会談後、盤石ぶりを誇示する金正恩。正恩の父、正日はいかに権力基盤を築き、三代目へ権力を譲ったのか。機密文書など600点に及ぶ文献や独自インタビューから初めて浮かびあがらせた、2代目独裁者の「特異な人格」と世襲王朝の実像！

定価〈本体900円＋税〉 ISBN978-4-7698-7006-7

中国人が死んでも認めない 捏造だらけの中国史

黄 文雄

真実を知れば、日本人はもう騙されない！中国の歴史とは巨大な嘘！中華文明の歴史が嘘をつくり、その嘘がまた歴史をつくる無限のループこそが、中国の主張する「中国史の正体」なのである。だから、一つ嘘を認めれば、歴史を誇る「中国」は足もとから崩れることになる。

定価〈本体800円＋税〉 ISBN978-4-7698-7007-4

産経NF文庫の既刊本

子供たちに伝えたい 日本の戦争 1894〜1945年
あのとき なぜ戦ったのか
皿木喜久

あなたは知っていますか？子や孫に教えられますか？日本が戦った本当の理由を。日清、日露、米英との戦い…日本は自国を守るために必死に戦った。自国を貶める史観を離れ、「日本の戦争」を真摯に、公平に見ることが大切です。本書はその一助になる〝教科書〟です。

定価〈本体810円＋税〉 ISBN978-4-7698-7011-1

「令和」を生きる人に知ってほしい 日本の「戦後」
皿木喜久

なぜ平成の子供たちに知らせなかったのか……ＧＨＱの占領政策、東京裁判、日米安保――これまで戦勝国による歴史観の押しつけから目をそむけてこなかったか。「敗戦国」のくびきから真に解き放たれるために「戦後」を清算、歴史的事実に真正面から向き合う。

定価〈本体790円＋税〉 ISBN978-4-7698-7012-8

産経NF文庫の既刊本

来日外国人が驚いた日本絶賛語録
ザビエルからライシャワーまで
村岡正明

日本人は昔から素晴らしかった！ザビエル、クラーク博士、ライシャワーら、そうそうたる顔ぶれが登場。彼らが来日して驚いたという日本の職人技、自然美、治安の良さ、和風の暮らしなど、文献を基に紹介。日本人の心を誇りと自信で満たす一〇二の歴史証言集。

定価〈本体760円＋税〉 ISBN978-4-7698-7013-5

旧制高校物語
真のエリートのつくり方
喜多由浩

私利私欲なく公に奉仕する心、寮で培った教養と自治の精神……。中曽根康弘元首相、ノーベル物理学賞受賞の小柴昌俊博士、作家の三浦朱門氏など多くの卒業生たちが旧制高校の神髄を語る。その教育や精神を辿ると、現代の日本が直面する課題を解くヒントが見えてくる。

定価〈本体820円＋税〉 ISBN978-4-7698-7017-3